なぜ中学受験するのか?

おおたとしまさ

光文社新書

はじめに

中学受験のメリットとデメリットは何かと聞かれることは多い。申し訳ないが、私の答えはいつも、にべもない。「中学受験の何をメリットと感じるか、何をデメリットと感じるかにそのひとの教育観、幸福観、人生観などの価値観が表れる」である。結婚のメリットとデメリットを尋ねられても一般論としては答えようがないのと同じだ。

本書が示すのは、あくまでも私の中学受験観である。「私の」とは言っても、これまで中学受験の世界をさまざまな角度から覗いてきた経験から形成されたもので、中学受験を、親子にとっての人間的な成長をもたらす機会ととらえている。一部の〝勝ち組〟だけでなく、誰にとっても得られるものがある。いまどきの言葉を使えば、「中学受験を通して非認知能力を伸ばす」という言い回しも可能だ。それを本書では四つの章で順番に説明していく。

前半二章は、私立中高一貫校に通う意味について。言い換えれば、中学入試本番後に得られるものの価値である。それをさらに中高一貫教育の意味と、私学に通う意味とに分けて、第一章と第二章の各章で論じる。結論を言ってしまえば、中高一貫校に通う意味は、失敗と葛藤に満ちた豊かな思春期を謳歌できることである。

後半二章は、中学受験勉強の最中に得られるものについて。つまり、中学入試本番前に得られるものの価値だ。それをさらに、子ども自身の成長と親子関係の成長に分けて、第三章と第四章の各章で論じる。ひと言で言ってしまえば、中学受験勉強の日々は親子にとって、ハプニング連続のスリリングな大冒険である。

すでに中学受験勉強の日々が始まっており、「なんでこんなに苦しい日々を送らなければいけないの！」と感じているひとは、第三章から読み始めてもらっても構わない。

子どもたちは、もって生まれたその子らしさを核としながら、そこに、中学受験勉強の約三年間で家庭の文化を染み込ませ、さらに、家庭では到底授けられない壮大な文化を、私立中高一貫校での六年間で染み込ませる。家庭と学校の文化を携えて、子どもは巣立つ。目先のテストの点数に一喜一憂すべきではないといくら言われても、この全体像が見えていないと、親はどうしても短絡的になる。

中学受験に関する相談を受けていると、「なぜ中学受験するのか？」に立ち戻ることで解決の方針が見えてくる場合は少なくない。逆に言えば、なぜ中学受験することにしたのかを忘れてしまうから、あるいはそもそもその問いを突き詰めて考えていなかったからこそ、中学受験という世界に口を広げる魔界に吸い込まれてしまうのだ。

本書の目的は、中学受験の有益性を強調することではない。「なぜ中学受験するのか？」という問いを通して、（一）昨今の教育事情を俯瞰《ふかん》し、（二）教育という営みに関する理解を深め、（三）読者自身の教育観、幸福観、人生観などの価値観を明らかにすることである。

残念ながら、本書を読んでも偏差値を上げる方法やお得な進路がわかるわけではない。でも、できるだけ高い視点から中学受験の意義をとらえ胸に刻み込んでおけば、不安に苛《さいな》まれたときにも慌てずに、自分たち親子にとっての本質的な優先順位を思い出し、巷《ちまた》の中学受験本をいくら読んでも見つけられない、自分たちだけの解決策を見出すことができるようになるはずだ。結果として、子どもの最高のパフォーマンスが引き出される可能性はある。

教育に関する選択に、正解はない。つまり、不正解もない。大切なのは、自分の選択の意味を正しく理解することだ。

本書の概要

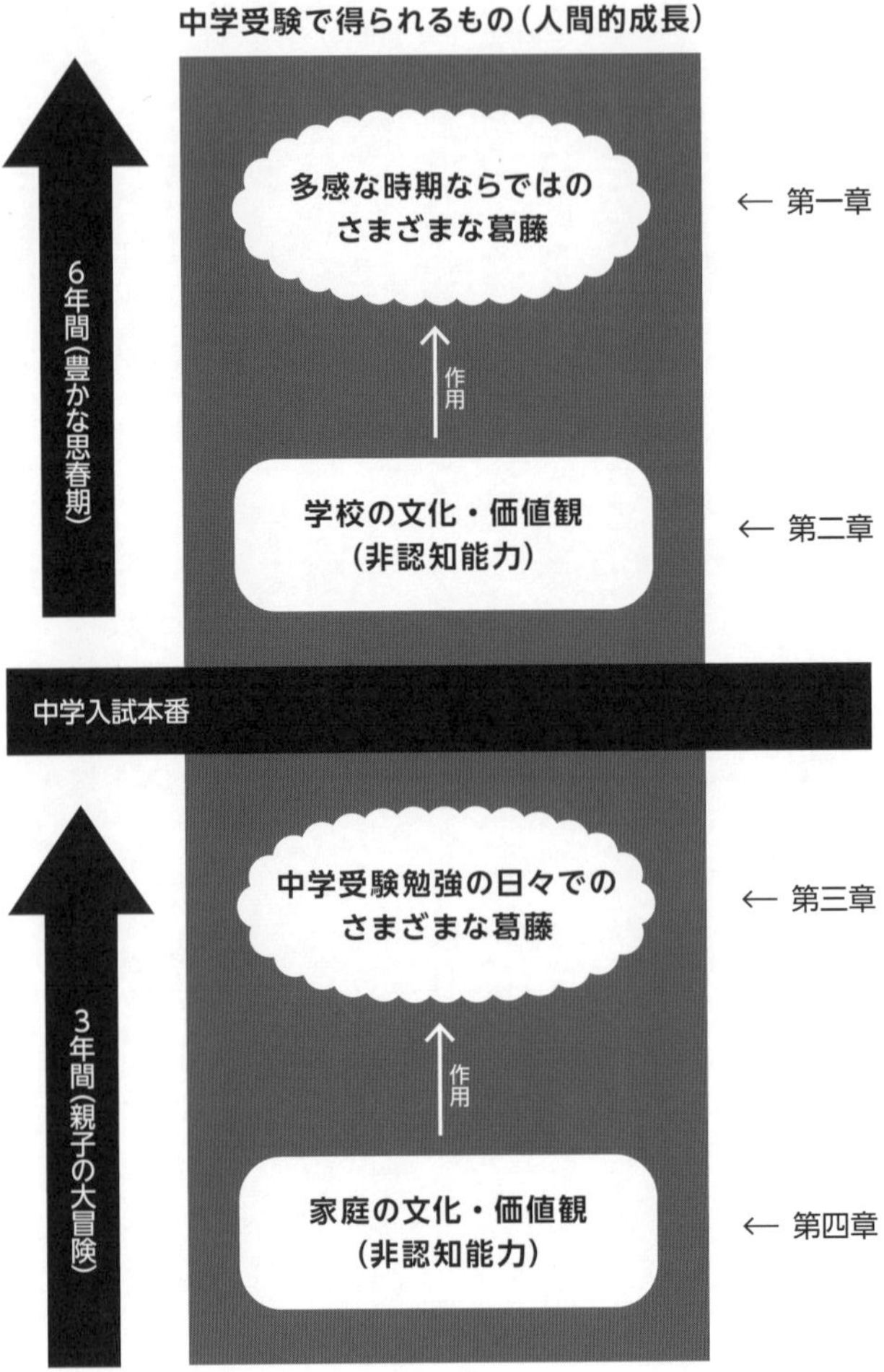
中学受験で得られるもの（人間的成長）
6年間（豊かな思春期）
多感な時期ならではの
さまざまな葛藤
← 第一章
作用
学校の文化・価値観
（非認知能力）
← 第二章
中学入試本番
3年間（親子の大冒険）
中学受験勉強の日々での
さまざまな葛藤
← 第三章
作用
家庭の文化・価値観
（非認知能力）
← 第四章

「なぜ中学受験するのか？」

目次

第四章　偏差値よりも生きる指針 ～親子で取り組む意味

Column❹

コラム初出：VERY NAVY連載『悩めるママのための、受験進路相談室』
（第1回、第2回、第10回、第13回）

図版作成／キンダイ

目次・章扉・コラムデザイン／宮城谷彰浩（キンダイ）

第一章

12歳でやるか15歳でやるか

～中高一貫教育の意味

コペル君体験はどこへ？

名著『君たちはどう生きるか』（吉野《よしの》源三郎《げんざぶろう》著）の主人公コペル君は中学二年生。数えで一五だから満にすれば一四歳。多感な時期ゆえ、さまざまな回り道や落とし穴を経験する。ときに友人関係に葛藤し、不登校にもなるが、その経験こそが少年に人間的成長をもたらすことを物語は活写《かっしゃ》する。

しかしこの物語、現代の一般的な進路を前提にすると現実味がない。

中学二年生で不登校になれば内申点に影響して高校受験で不利になりかねない。大人たちは先回りして、回り道や落とし穴を塞いでしまう。当の中学二年生だって、葛藤と向き合うことよりもちゃんと学校に行くことを無意識的に優先するだろう。むしろそういう子のほうが〝安心な子〟〝優秀な子〟と評される。

なぜコペル君は、文字通りの多感な時期を謳歌することができたのか。

物語が書かれたのは一九三七年。コペル君は戦前の旧制中学の二年生だった。旧制中学の修学期間は五年間。卒業が一年早いだけで、現在の中高一貫校とほぼ同じしくみである。つまりコペル君は高校受験を意識しなくていいからこそ、たくさんの回り道や落とし穴を経験し、不登校の時期をすごすことができたのだ。当時はそれが、大学を目指す子どもたちの一般的な進路だった。

　では現代社会において、コペル君のような成長はどこに行ってしまうのか。

　この章の結論を先に述べてしまえば、中高一貫校に通うことで得られる最大の利点は、高校受験に邪魔されず、豊かな思春期を謳歌できることである。この点に関しては、私立だろうと国立だろうと公立だろうと関係ない。もちろん偏差値一覧の中での位置も関係ない。

目先の一点、二点にこだわらなくていい

　中高一貫校は先取り教育ができるので大学受験に有利だとよくいわれる。しかしこれは私に言わせれば、半分本当で半分嘘。

　たしかに多くの中高一貫校で、大学受験に必要な範囲を高校二年生までにほぼ終えてしまい、高校三年生の一年間を丸々受験対策のための勉強にあてている。それが大学受験対策に余裕をもたらすことは事実であろう。

　実際には中学校の三年間分を二年間程度で終えてしまうケースが多い。意図的にそうしているわけではなく、生徒の学力は粒ぞろいなのでつまずきは少ないし、高校受験のための勉

強をしなくていいぶん、無理をしなくても自然に先に進めてしまうのだ。

一方で、同じ三年間分でも中学校に比べて圧倒的に量が多い高校の範囲に関しては、三年間かけてじっくりやる。先取りが目的ではないのだ。むしろ一般的な三年間だけの高校のほうが、高三の後半で大学受験対策に集中する時間を捻出するために、少しでも早めに範囲を終わらせようと駆け足になる。

私がこれまでの取材経験から感じた、大学受験対策における中高一貫教育の優位性は、中学生のうちに、目先の一点、二点にこだわらなくていい勉強ができることである。

たとえば理科に関していえば、多くの中高一貫校が、特に中学生段階において、実験とレポートに時間をかける。実験結果がわかってしまうと面白くないので、教科書での予習を禁止している学校すらある。

社会科では、ディスカッションやフィールドワークに時間をかけることができる。たとえば死刑制度について、クラスを二分してディベートを行うこともある。「死刑制度の問題点」などと板書で終わらせてしまうのとは理解度がまるで変わってくる。

英語でも、テストの点数には直結しない多読や英会話に取り組む。これが英語力の素地を形成する。その素地があればこそ、大学受験を意識した勉強を始めたときにも高い成果が得

図1　真のゆとり教育（概念図）

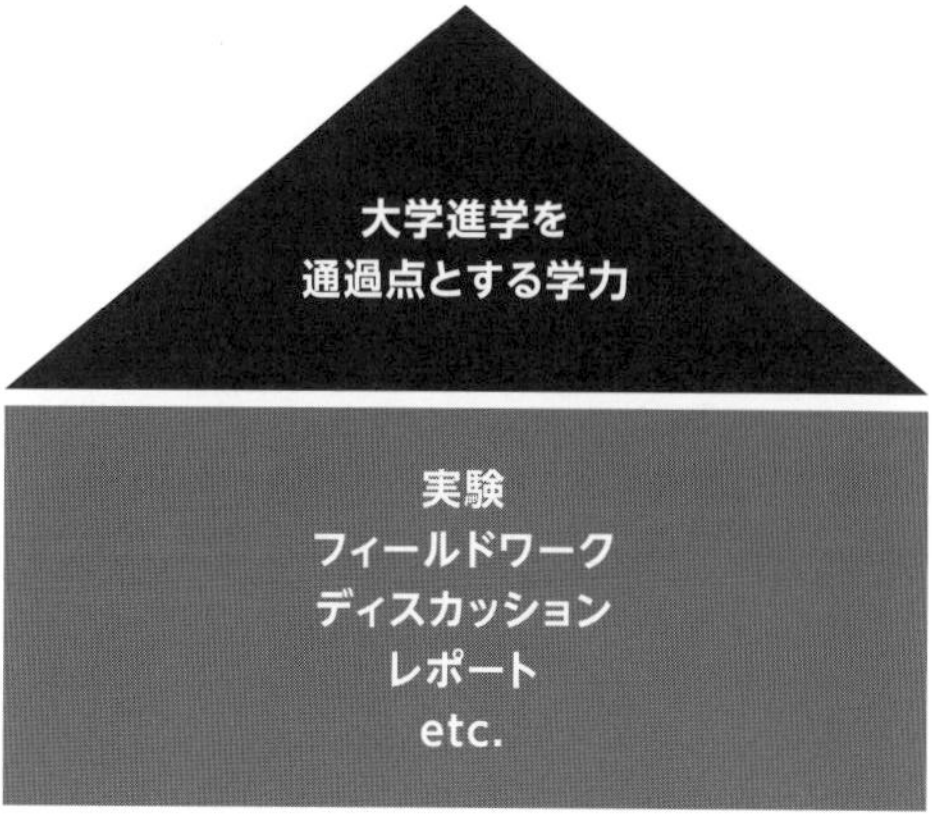

筆者作成

られるのだ。富士山の裾野が広いのと同じ原理である（図1）。

超進学校が幾何と古典をやる理由

全国区の知名度を誇る超進学校の多くに共通するのは、特に中学校段階で、幾何《きか》と古典に力を入れていることだ。

大学受験でこれらの配点率は低い。しかし、早い段階で幾何を徹底的にやることで数学的な素養が飛躍的に高まると、複数の数学教師が口をそろえた。数学的な素養のみならず、いっさいの飛躍を許さない論理的思考が鍛えられるのだろう。古典すなわち古文や漢文を学ぶことは、外国語を学ぶことに似ている。自分たちが日常的に無意識で使用している日本語を相対化することになる。これを経験することで、初めて日本語の論理的構造が認識できる。日本語を論理的思考の道具として精緻に操作できるようになる。

つまり、幾何と古典を究めることで、思考のOS（オペレーションシステム）の性能が高まるのだ。高性能なOSを手にすれば、あとから個別のアプリをインストールしてもさくさく動く。「受験勉強」というアプリを作動しても、負荷が少なくてすむ。

急がば廻れというわけだ。先取り教育というよりはむしろゆとり教育だ。これこそが、中高一貫校の生徒たちが大学受験で良い成績を出す根本的な理由だろうと私は分析している。

実際は中高一貫校であってもそれなりに試験や課題はあり、負荷はかける。しかしそれは、自分なりの学習スタイルを見つけるための試行錯誤のプロセスとしての負荷であり、子どもたちに優劣をつけるためのものではない。

試行錯誤を許さず、成績で子どもたちに優劣をつける中高一貫校もないとはいえないが、そういう学校は中高一貫校であることの意義を自ら放棄している。いくら大学進学実績が良くても、わざわざ中学受験をしてまでそういう学校に入る意味はないと私は思う。「中だるみさせません」と言う学校は要注意だ。

私立中高一貫校躍進の背景

東大合格者数ランキング上位校の顔ぶれに男子私立中高一貫校が多いことから、東大に合格するようなノウハウが、これらの学校の中だけに門外不出で蓄積されているのではないかと早とちりするひともあるようだ。しかしこれは、歴史的経緯の結果でしかない。

この章の本題に入る前に、世に広く信じられている思い込みを払拭し、前提を地ならしする目的で、以下、しばらく寄り道する。

東大の合格者数は毎年約三〇〇〇人。三〇〇〇脚の椅子取りゲームに例えられる。どこかの学校が合格者を増やせばどこかの学校が減らす。これが大規模に起きたのが、一九六七年の都立高校による学校群制度導入だった。

一九六〇年代までは、日比谷《ひびや》高校をはじめとする都立高校が東大合格者数ランキング上位を寡占していた。小林《こばやし》哲夫《てつお》氏の『東大合格高校盛衰史』（光文社新書）によれば、たとえば一九六四年、一九三人合格の日比谷高校を筆頭に、上位一〇校のうち六校が都立、二校が国立で、私立は麻布《あざぶ》と灘《なだ》の二校だけだった。

東大合格者が一部の都立名門校にあまりに偏るのを解消する目的で、都立高校の入試に学校群制度が導入された。受験生が選択できるのは複数の学校で構成される「学校群」までで、仮に入試に合格しても、その学校群の中のどの学校に割り振られるかがわからないしくみにしてしまったのだ。

たとえば日比谷高校は三田《みた》高校と九段《くだん》高校と同じ学校群になった。その学校群の入試に合格しても、日比谷高校に入れる確率は三分の一しかない。それを嫌って、特に学力上位層が、都立高校を避け私立中高一貫校を選ぶようになったのだ。

効果はてきめん。一九七〇年代半ばにはトップ一〇から都立高校の名前が消えた。代わりに浮上したのが私立中高一貫校だった。先の大学入試改革しかり、いわゆる「ゆとり教育」の右往左往しかり、良かれと思って打った施策が見事に裏目に出ることがある。施策の利点ばかりを強調し、副作用を抑える策を講じていないからだ。

東京都の学校群制度は一九八二年に廃止されたが、一度できてしまった流れは変えられなかった。一九九〇年代には私立高校からの東大合格者総数が公立高校のそれを追い抜き、みるみる差を広げていった。「大学進学には私立のほうが有利」という印象が世に広まったのも、このころからである。

私立に通える学費が重要なのではない

東大生の出身家庭の年収の高さが話題になることがときどきある。そこから「私立に行くお金があるから東大に合格できるのだ」と解釈される言説も見かける。しかしそれは結論を急ぎすぎである。

教育社会学者の苅谷《かりや》剛彦《たけひこ》氏は『大衆教育社会のゆくえ』（中公新書）で、数々のエビデンスを示しながら、「私立の六年制一貫校の普及によって、東大入学の階層的な閉鎖性がはじめて作り出されたというわけではないのである。私立高校が優勢になる以前から、専門・管理職の子弟たちは、日比谷や西《にし》などの公立高校を経由して、やはり東大にたくさん入学していた」ことを明らかにしている。

私立が人気になるずっと前から、もともと東大という大学は、「上層ノンマニュアル（医師、弁護士、大学教授などの専門職や、大企業、官公庁の管理職、および中小企業の経営者など）」と呼ばれる特定階層の子弟が集まりやすい大学だったのだ。

共学校が圧倒的有利だった

東大合格者に男子校出身者が多い理由も単純だ。

もともと東大合格者に占める女子比率は異常に低い。二〇二一年に初めて二割を超えたという程度。これが社会に根強いジェンダー・バイアス（無意識の性差別）によるものであることは拙著『ルポ東大女子』（幻冬舎新書）で明らかにしたとおりだ。

だから女子校のトップ一〇入りは、一九九四年の桜蔭《おういん》が初めてだったし、以後も桜蔭以外の女子校は一度もトップ一〇に入っていない。

一方で、前述の通り、一九六〇年代半ばまでは都立高校が上位を寡占していた。実際の合格者の大半は男子ではあったが、形式上、これらはすべて共学校である。そのままであれば男子校が有利とはいわれなかったはずだが、学校群制度によって都立共学校がランキング上位から姿を消した。

都立共学校が勝手に沈んでいったあと、ふるいの上の砂利《じゃり》のような形で残ったのが、男子中高一貫校だったというだけの話である。

筑駒は『ドラゴン桜』ではない

そもそも東大をはじめとするいわゆる〝いい大学〟への近道として中高一貫校をとらえ、そのために中学受験するのは、私にいわせれば三つの意味でナンセンスだ。

一つめに、東大に多数の合格者を出す学校にわが子を入れれば、わが子が東大に合格する可能性が高まると考えるのは錯覚だからだ。

たとえば国立の中高一貫校・筑駒《つくこま》（筑波大学附属駒場）では例年、卒業生の半数以上が東大に進学するが、筑駒は授業の中で東大対策などほとんどしない。つまり筑駒が『ドラゴン桜』（三田紀房《みたのりふさ》、講談社）よろしく東大合格の秘技を教えてくれるわけではない。

筑駒の東大合格率が示すのは、東大に進学するポテンシャルをもった子どもたちが筑駒には半数以上いるというだけのことである。一二歳の時点で筑駒に合格できるのであれば、将来的には半分以上の確率で東大に合格することが期待できるが、東大に合格する確率を上げるために筑駒を目指すというのは理路として逆なのだ。

たしかに筑駒には、東大に行くのが当たり前という文化がある。それが東大合格率を底上げしている面は確実にあるし、そこに魅力を感じるのであれば、東大のために筑駒という選択にも一理あることは私も認める。ただしこれは、受験テクニックではなく、学校文化の話である。学校文化の教育的効果については次章で詳述する。

東大への近道は学校に行かないこと⁉

二つめに、〝いい大学〟に行くことを目的とするならば、最も効率がいいのは学校に行かないことだからだ。学校など行かず、朝から晩まで予備校に通って、問題集を解きまくればいい。

たとえば東大受験専門塾「鉄緑会《てつりょくかい》」には、高校三年生の二月の時点で確実に東大に合格できる学力を身につけることを目的とした盤石《ばんじゃく》なカリキュラムが用意されている。指示通りに勉強を進めることができれば、学校なんて行かなくても東大に合格できる。鉄緑会については拙著『ルポ塾歴社会』（幻冬舎新書）が詳しい。

実際、東大進学を至上目的とするならば、たとえばN高のような通信制高校に通いながら鉄緑会のカリキュラムを着実にこなすのが最も効率がいいと思われる。だとすれば、〝いい大学〟に行くために、東大合格者数が一人でも多い学校を選んで中学受験させることにどれほどの意味があるのかと、疑念が湧いてこないほうがおかしい。

〝いい大学〟に行けるのはおまけ

三つめに、もし中学受験することの目的を〝いい大学〟に行くことだとするならば、仮に中学受験で第一志望校に合格できても、六年後に〝いい大学〟に入れなければ、中学受験したことまでが失敗だったことになってしまうからだ。

たとえば、中学受験した子としなかった子が、同じ小学校を卒業して、結局同じ大学の教室でクラスメイトとして再会したら、一方の子が中学受験をした意味はなかったことになってしまうのか。そんなはずがない。結局同じ場所にたどり着いたとしても、そこに至る道のりが違えば、人生における意味合いも違う。

ただし、どちらの道のりが優れているかを客観的に評価することはできない。どちらの道が良い道かを決めるのはそれぞれの価値観だし、さらに言えば、どの道を選ぶかよりも、選んだ道をどう歩むかのほうがよほど大事だからだ。

実際には、中高一貫校は大学受験にも強い。しかしそれはあくまでも、結果的についてくるおまけのようなものだととらえるべきである。

開成《かいせい》や桜蔭や灘の先生たちが本気を出せば、鉄緑会顔負けの東大合格必勝カリキュラムをつくることだってきっとできる。でもそんなことはしない。学校はそんなことのために通う場所ではないことを、自覚しているからだ。

ここでようやくコペル君に話を戻す。

図2　思春期の内面的成長（概念図）

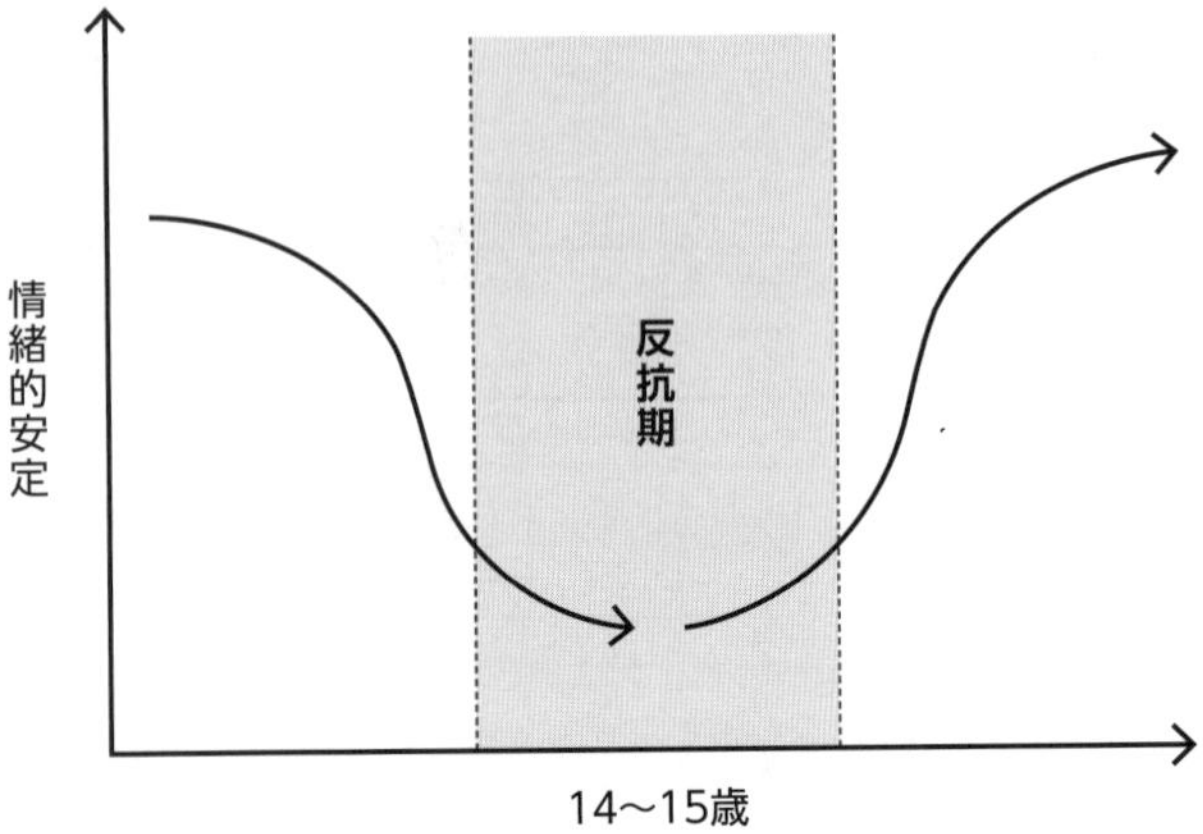

筆者作成

一四歳からは哲学する時期

教育学では、小学生段階を初等教育、大学や専門学校を高等教育、その間を中等教育と分類する。中等教育は思春期に重なる。反抗期を中心とした多感な時期をひとまとまりとしてとらえるのが世界の共通認識だ（図2）。

スイスの著名な心理学者ジャン・ピアジェは、およそ〇〜二歳を感覚運動期、二〜七歳を前操作期、七〜一一歳を具体的操作期、一一歳以降を形式的操作期と分類した。

小学校段階はピアジェのいうところの具体的操作期に重なる。だから算数では「りんごが五つ、みかんが三つ、合わせていくつ?」のような具体物を対象にした学習を行う。しかし形式的操作期には抽象的思考が可能になる。だから中高の数学ではxやyを使った文字式が主役になる。

さらに一四歳くらいからは抽象的思考の次元が高まり、本格的に哲学や科学ができるようになる。哲学者・池田《いけだ》晶子《あきこ》氏のベストセラーのタイトルも『14歳からの哲学』（トランスビュー）である。ちょうどコペル君の年齢に一致する。

自己や社会の相対化が可能になる。理想の視点から現実を眺められるようになるがゆえに、さまざまな葛藤も味わう。既成の価値観に対する批判的精神も旺盛《おうせい》になり、それが多くの場合、反抗期という形で表れる。大人からすればやっかいな時期だが、子どもにとっては大人になるための大事なプロセスだ。

読書をしたり、映画を見たり、楽器を弾いたり、仲間とともに冒険に出たり、親や先生以外のさまざまな大人と話したり、ときに羽目《はめ》を外したり痛い目に遭《あ》ったりして、試行錯誤しながら世の中への見識を広めるべき時期に、紙と鉛筆で勉強ばかりしている場合ではない。

高校受験は世界的に見て珍しい

だからこの時期の子どもを入試対策で追い回す国や地域は、世界を見回しても数少ない。

少なくとも大学進学を前提とした場合、イギリス、オランダ、ドイツ、ロシアなどではそもそも中学校と高校という区切りがない。映画の『ハリー・ポッター』をイメージしてほしい。彼は中学生でも高校生でもない。彼の学校「ホグワーツ」は、一一歳から一八歳までの子どもが通う七年制の寄宿学校だ。

イギリスでは五〜七年間の中等学校に通う。オランダでは六年間の大学準備教育コースに通う。シンガポールでは四〜六年間の中等学校に通う。ドイツでは六〜七年間のギムナジウムに通う。ロシアでは六歳から一七歳まで初等中等教育学校で一貫教育を受ける。

しかし日本の場合、中等教育が、中学校と高校とに分断されている。しかもその間に、高校受験というビッグイベントがある。これは世界的に見て非常に珍しいしくみである。

フランスでは中等教育が前期のコレージュと後期のリセに分かれているが、リセへの進学に際して入試のようなものはない。コレージュでの取り組みに応じて振り分けられる。フィンランドでは七歳から一六歳まで基礎学校で一貫教育を受けるが、やはり高校入試はない。フランス同様、基礎学校での取り組みにより振り分けられる。

アメリカでは州によって学校制度が異なるが、中学校と高校が分かれている場合でも、フランスやフィンランド同様、高校入試のようなものはない。過激な受験競争のイメージがある韓国でさえ、高校入試は行わない。

日本と似ているといえそうなのは中国くらい。ただし、日本のように個別の高校入試を受けて一喜一憂するのではなく、地域ごとに実施される高校進学のための統一試験の結果によって進学先が決まる。

「六・三・三」は妥協策だった

なぜ日本では、子どもの発達段階を無視した入試制度になっているのか。それを知るには歴史を紐解《ひもと》く必要がある。

日本の旧制中学は、明治時代にイギリスの五年制中等教育学校をまねてつくられた。旧制中学は男子校だった。それに相当する女子の教育機関は高等女学校と呼ばれていた。

第二次世界大戦後、中学校までを義務教育にしようと試みたが、小学校の六年間に加えてさらに中学校の五年間を義務教育化するには資金が足りなかった。そこで、中等教育を前期の中学校、後期の高等学校に分け、中学校までを義務教育にした（図3）。つまり「六・三・三」は妥協策だったのだ。

このとき、私立の旧制中学の多くは、中高一貫校に改組することで、五年制教育をほぼそ

図3　戦前・戦後の学校制度比較（概念図）

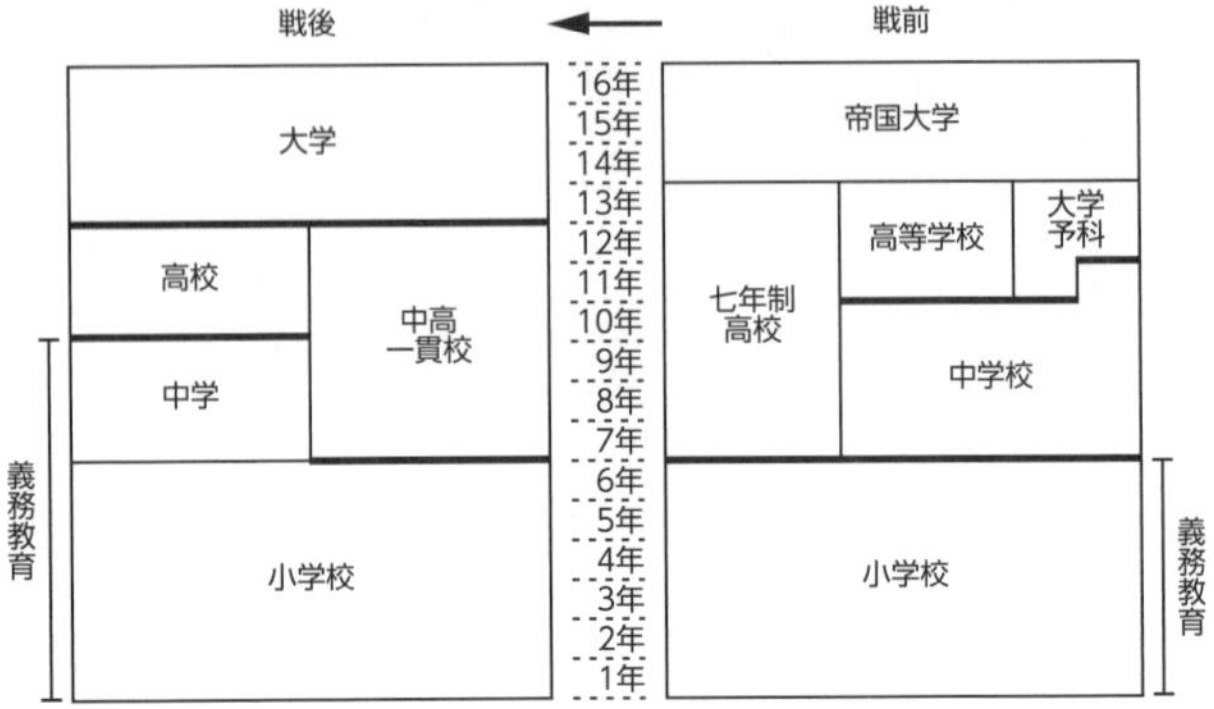

※太い境界線は厳しい入試があるところ。戦前、大学予科、高等学校、七年制高校からは原則的に無選抜で帝国大学に入学できた

『学生百年史』（文部省）より筆者作成

のままスライドした。旧制開成中学校は新制開成中学校・高等学校になった。同様に、旧制灘中学校は新制灘中学校・高等学校に、旧制桜蔭高等女学校は新制桜蔭中学校・高等学校になった。

公立の旧制中学の現場の教員たちも本当はそうしたかったはずだ。しかし公立の旧制中学は一律に新制高校に改組させられた。たとえば現在の日比谷高校は、戦前は東京府立第一中学校だった。同様に、北野《きたの》高校は大阪府立北野中学校、浦和《うらわ》第一女子高校は埼玉県立浦和第一高等女学校だった。一二歳から一八歳が通う学校だったものが、一五歳から一九歳が通う学校になってしまったのだから、まるで別物になったといっていい。

反抗期と高校受験の両立

戦前において、義務教育ではない旧制中学や高等女学校に通えるのは一部の子どもに限られていた。入試もあった。特に人気校の入試は難関で、もしかしたら一部では現代よりも過酷だったかもしれない。拙著『生きる力ってなんですか？』（日経ＢＰ社）執筆のためのインタビューで、プロスキープレイヤーで登山家の三浦雄一郎《みうらゆういちろう》さんから、当時の中学受験浪人経験を聞いたことがある。

その旧制中学の受験熱が戦後、そのまま新制高校の入試にスライドしてしまった。フランスやフィンランドのような進学制度にはならなかったのである。

結果として、日本の子どもたちの多くは、高校受験と反抗期を両立しなければいけなくなった。子どもの発達段階から考えて、これは酷である。反抗期が強く出すぎれば、受験勉強がおろそかになり高校入試で希望の進路は実現できないし、受験勉強一辺倒になってしまうと、反抗期を全うできず精神的自立や批判的精神の涵養《かんよう》が不十分になってしまう。

国際的な視点から見て、日本の教育制度の最大の欠点だと私は思う。

ＯＥＣＤ（経済協力開発機構）のＰＩＳＡ（学習到達度調査）が実施されると、日本の高校生の生活や人生に対する肯定感の低さがたびたび話題になるが、高校入試の間の悪さもその一因になっているのではないか。

ＰＩＳＡは一五歳を対象に実施される。日本では高校一年生が七月にテストを受ける。不本意な高校に入学した生徒の肯定感が低くなるのは当然だ。逆に、世界的に見て珍しい高校入試のために鍛え上げた学力を生かせるのだから、世界の中でも瞬間最大風速的に学力上位に来るのは当たり前なような気もする。

薄れていく反抗期

さらに一九九〇年代以降は、中学校の成績表に「意欲・関心・態度」の項目が加わった。もともとはペーパーテストの結果だけでなく、数値化されにくい学習姿勢を評価しようという意図だったが、評価者である教員の恣意を拡大する可能性も否めない。

人間は監視されていると感じるだけで自分の行動を抑制してしまうとは、ミシェル・フーコーの『監獄の誕生　監視と処罰』である。多くの中学生は教員の目を気にして〝いい子〟を演じてしまう。ますます反抗期が骨抜きにされる。

そこで気になるデータがある。

図4　反抗期はいつか

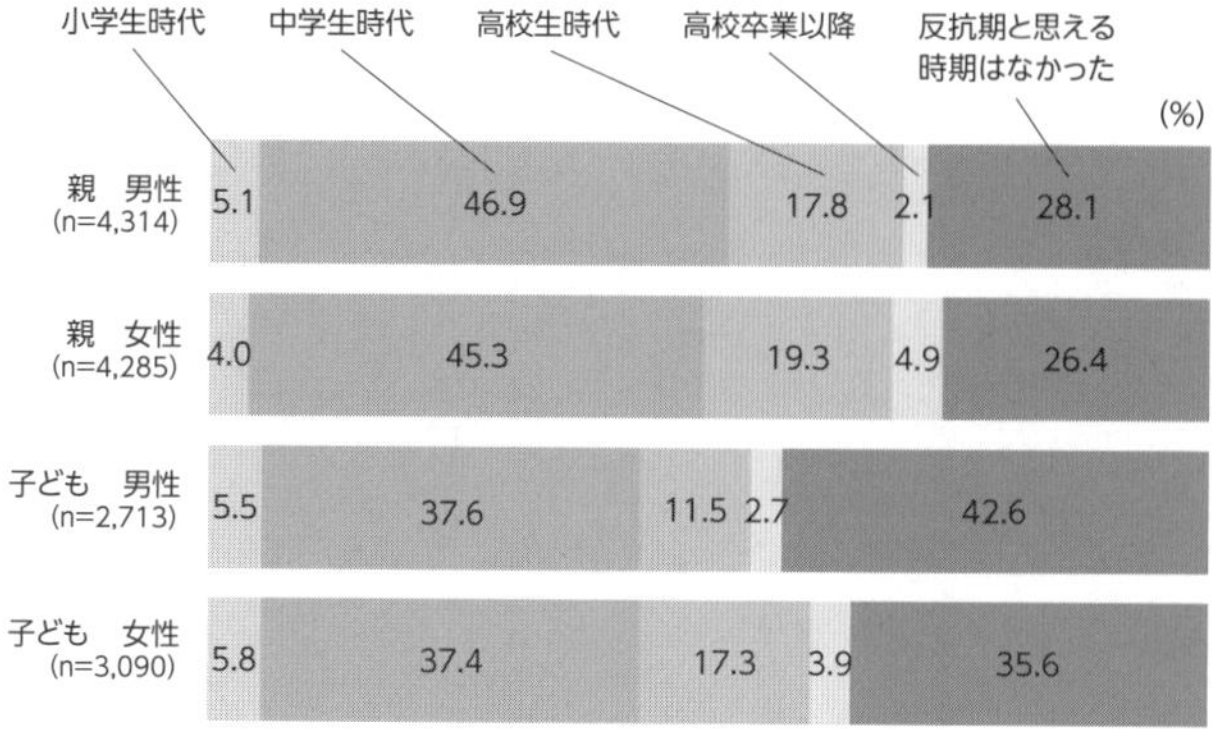

※「親」は35〜59歳の男女（中学生〜24歳の子をもつ親）。「子」は15〜29歳の未婚男女。
「親」のデータは、親が自分の反抗期を振り返って回答したもの

明治安田生活福祉研究所・きんざい「親子の関係についての意識と実態」（2016年）より

明治安田生活福祉研究所ときんざいが共同で行った調査「親子の関係についての意識と実態に関する調査」（二〇一六年）によれば、「自分には反抗期がなかった」と答える子どもは、男性で四二・六％、女性で三五・六％にも上る。親世代でも「自分には反抗期がなかった」と答える層が男性で二八・一％、女性で二六・四％いるが、それよりも大幅に増えている（**図４**）。

子どもの発達段階から反抗期が漂白されていっているように見える。それが本当だとしたら、精神的自立や批判的精神の涵養が不十分なまま形式上〝大人〟になってしまう若者が増えていても不思議ではない。そのひと個人にとって不幸であるだけでなく、社会に

とっての悪影響も計り知れない。

二〇二〇年の新学習指導要領からは「意欲・関心・態度」に代わって「主体的に学習に取り組む態度」という表現が用いられるようになったが、実質的なとらえられ方はほぼ変わらないと考えていい。

ゆとり教育としての中高一貫校

その点、中高一貫校に通えば、高校受験を回避できる。そのぶん、思春期や反抗期を謳歌《おうか》する余地が生まれる。つまりゆとりである。

二〇〇〇年代から公立中高一貫校が全国に登場するが、実はこれももともとはいわゆる「ゆとり教育」の一環として始まったものだった。中高一貫校化した公立高校が進学実績を向上させる事例が相次いでいるが、ゆとりの効果は学業だけに限らない。

二〇一八年に東京都が発表した「都立中高一貫教育校検証委員会報告書」によれば、「併設型高校における各種大会・コンクール等での実績について、過去3年間の全国大会以上の出場・受賞実績を見ると、文化・スポーツの双方で実績が挙げられているが、個人での出場・受賞実績は概ね内進生によるものとなっている。内進生については、高校受験のないゆとりを生かして、趣味や部活動など、自分の興味や関心があることに取り組めていることが結果に結び付いているものと考えられる」とのこと。

「併設型高校」とは高校からも入学枠を設けている五つの都立中高一貫校を指す。これらの学校では、高校課程の三年間において「内進生（中学校からの入学者）」と「外進生（高校からの入学者）」がともに学ぶ。残り五つの都立中高一貫校は「中等教育学校」と呼ばれ、入学機会を中学校段階だけに限り、完全中高一貫教育を行っている。

都が中高一貫教育の効果にお墨付き

報告書には「内進生」と「外進生」の進学実績を比較したグラフも掲載されている（**図5**）。難関国立大学（東大・一橋大・東工大・京大・国公立大医学部）の進学割合では、内進生が七・六％であるのに対して外進生は〇・八％と大きな差があった。同時に、日比谷や西など都立進学指導重点校七校の難関国立大学進学割合は八・一％であり、都立一貫校の内進生は、それとほぼ同等の進学実績を出しているといえる。

この報告内容を踏まえ、東京都は二〇二三年度までにすべての都立中高一貫校を完全中高一貫校化することを決めた。

図5　都立高校の難関国立大学等進学割合

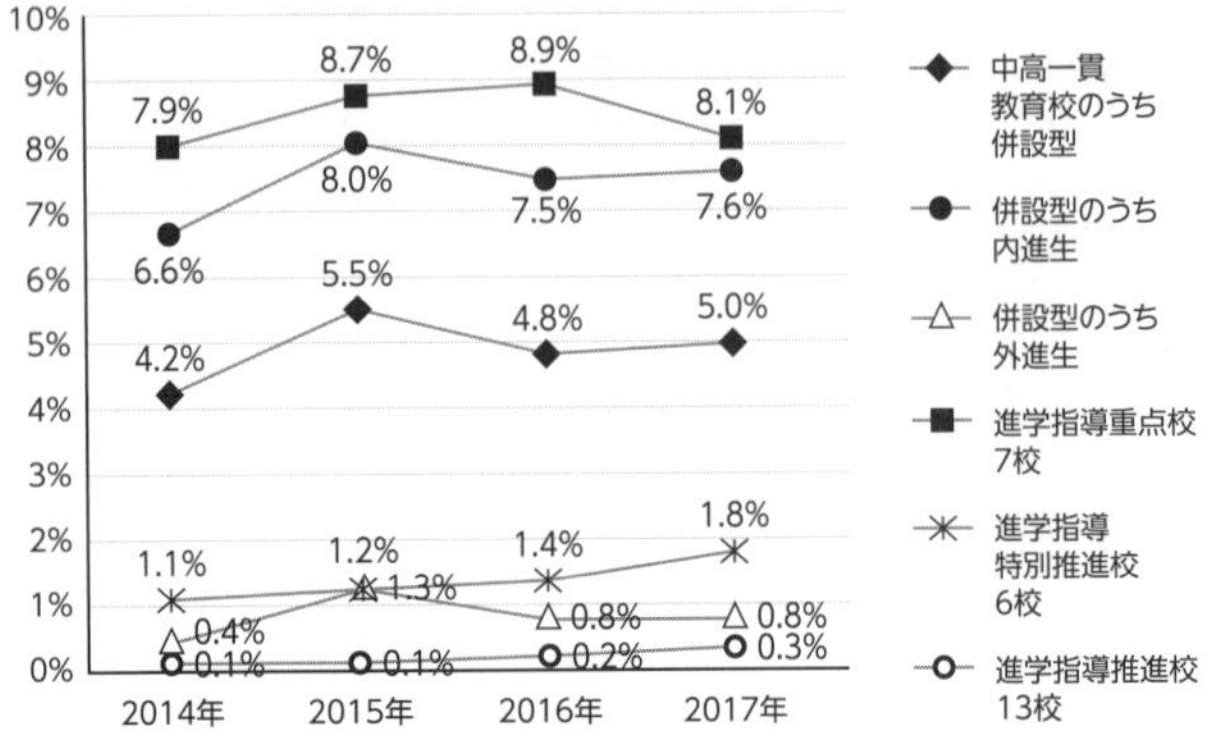

※卒業生徒のうち難関国立大学等に進学した生徒の割合
（難関国立大学等…東京大学、一橋大学、東京工業大学、京都大学、国公立大学医学部医学科）
「都立中高一貫教育校検証委員会報告書」（2018年）より

実際には、同じ都立中高一貫校であっても中学校からの入学と高校からの入学では入試の難易度に違いがあることも決して無視はできないが、東京都が中高一貫教育の効果を公に認めた意味は大きい。

トップ校が軒並み中高一貫校化

茨城県はもっと極端だ。二〇二〇年度から二〇二二年度にかけての三年間で、一気に一〇校の県立高校を中高一貫校化する。茨城県にはすでに三校の公立中高一貫校があり、合計で一三校となれば、その数は東京都の一〇校（区立を含めれば一一校）を上回る。

その中には水戸《みと》第一と土浦《つちうら》第一も含まれる。水戸第一は旧制一中（戦前のトップ校）の流れを汲む名門校。土浦第一は近年では東大合格者数で水戸第一のお株を奪う県内トップ進学校だ。東京都でいえば、日比谷と西が中高一貫校化するようなもの。そのほかの八校も各地域のトップ進学校であり、県内の教育熱心な家庭に与えるインパクトは甚大だ。

県の教育委員会によれば「すでに設置している中高一貫教育校三校では探究活動など六年間の計画的・継続的な特色ある取組を行っており、学業だけでなく課題解決能力の育成などにおいても優れた実績を出しています」とのこと。

公立中高一貫校は民業圧迫か？

東京都や茨城県の公立中高一貫校が、進学実績を向上させるだけでなく、多方面で個性的な学校文化を花咲かせるとしたら、この動きは他県でも続くかもしれない。

そうなるとこんどは私立中高一貫校側から「民業圧迫だ」という声が上がりかねないが、中高一貫教育そのものにそれほどの教育的効果があるのなら、私立の学費をまかなえない家庭の子どもたちにもそれを享受する機会が設けられるべきである。

むしろそれを機に、私立学校の学費も全額公費負担にすればいい。実際、海外では公立だろうが私立だろうが、それは単に設置者属性の違いであって、学費負担には差がない場合は少なくない。

高校募集を始める私立校が増えている

ちなみに、女子校では豊《と》島岡《しまがおか》、男子校では本郷《ほんごう》など、東京都の難関私立中高一貫校でも近年高校募集を停止する動きが注目され、「高校受験の選択肢が狭まっている」と報じられることがあるが、これはやや誤報である。

たしかに高校入試を行う私立難関校は減っているが、同時に、いわゆる私立中堅校が高校募集を再開する動きがあるのだ。

二〇〇〇年代に入ってから東京都が都立高校改革に取り組んだ結果、日比谷、西、国立《くにたち》などの都立トップ校が進学実績を著しく向上させ、都立高校人気が復活した。

それで、従来であれば私立難関校を第一志望にしていたような高校受験での成績上位者が、都立トップ校に流れるようになった。そのため、豊島岡や本郷などでは従来通りの学力層の生徒を高校からとりづらくなり、高校入試をやめた。

一方で、都立高校の中で、日比谷、西、国立あたりのトップ校と、いわゆる二番手校の間には、大学進学実績に大きな隔たりがある。この隔たりには構造的な理由がある。

都立高校改革の最大の目玉は、東京都全体を一学区制にすることで、人口約一四〇〇万人という世界有数の巨大都市の学力最上位層を一部の進学指導重点校に集中させることだった。それだけで一部の学校の進学実績は確実に向上する。

派手な進学実績さえ出せれば、そこにさらに優秀な生徒が集まりやすくなる。しかしこれは逆に、都立高校の中での格差が生まれることも意味する。

日比谷や西や国立に入学できればよいが、それが難しいとなると、大学進学実績としてはかなり見劣りする学校を受けなければいけなくなる。都立高校受験のエアポケット現象であり、公立中学の成績二番手層のジレンマの種となっていた。その層を狙って、これまで高校募集をしていなかった私立中高一貫校が、高校入試を再開しているのだ。

大手メディアは難関校の入試動向しか報じない。だから私立難関校が高校入試をやめることだけが世間に知れ渡る。しかし一方で、高校入試を再開する私立中高一貫校は増えている。だから、「高校から入れる私立が減っている（よって中学受験すべきだ）」という一面的な報道には惑わされないでほしい。

五歳差の先輩から学べること

中高一貫校で豊かな思春期を謳歌できる理由はほかにもある。一二歳の時点で五歳年上の先輩たちの姿を間近に見られることである。

高校三年生と中学一年生では、体格的にも精神的にも、文字通り大人と子どもほどの違いがある。入学したばかりの中学一年生からしてみれば、高校二年生や三年生は先生よりもおっかない。

しかし同時に不思議に思う。中学二年生や三年生の先輩がさかんに先生たちに盾《たて》突いたりだらけたりしているのに、もっと体格がよくて弁も立つであろう高校生たちが、むしろ先生たちと穏やかに、まるで大人同士のような関係を築いているのはなぜか。

そこではたと気づく。これが成長なんだと。自分たちもいずれこうなるのだと。

その未来の自分に対する信頼感のもとで、やはり自分たちも中学二年生や三年生の時分にはいきがって、先生たちに反抗的態度を示してみたりする。先生たちもいずれは落ち着くことを知っていて、受けて立つ。まるで掌の上で転がすように。

ある中高一貫校の教員は「ちょっと不安定になる時期があっても数年後には落ちついているに違いないという見通しがあるからこちらもおおらかに構えていられるし、実際に立派な青年になって巣立っていくのを見て頼もしく思える。でももし一五歳でお別れだったら、その先がどうなるのか心配でしょうがないし、だからこそ中学生のうちにあれこれ小言を言ってしまうだろうと思う」と語る。

お互いを鏡にして成長を自覚する

一般的な中学校だと、いきがっている盛りの中学三年生の姿までしか見られない。いきがっている中学三年生がいてくれるならまだましかもしれない。先述の通り、多くの中学生は、むしろ高校受験のために〝いい子〟を演じなければいけないプレッシャーの下にいる。中高一貫校で見られるような成長の起伏が表れにくい。

他者という鏡を利用できずに自分の成長を実感することは非常に困難だ。

その点、中高一貫校では、思春期ゆえの葛藤を高校受験に邪魔されず、しかもそれを乗り越えて行くまでの成長の過程をお互いにつぶさに見ることができる。同じ釜の飯を食ったどころか、同じ胎内で育まれたといっていいほどの一体感が生まれる。

中高一貫校の卒業生は一般的な中学校や高校の卒業生よりもつながりが強いとよくいわれるが、それは単に六年間という時間の長さによるのではない。思春期における葛藤と成長のストーリー全体をお互いによく知っていることによる部分が大きいだろうと私は思う。

何歳まで遊びを優先すべきなのか

いくら反抗期に重なる時期に高校受験をさせるのが子どもの発達に合っていないとはいっても、小学生に過酷な勉強をさせるほうがもっと子どもの発達を無視しているのではないかという反論があるだろう。

ただし「子どものころは外で思い切り遊んだほうがいい」と言う教育関係者に「子どものころとは具体的に何歳くらいまでのことか」と尋ねると、概ね小学校低学年くらいまでという答えが返ってくる。ということは、やはり一〇歳を超える小学校高学年くらいからは勉強もしたほうがいいという意味となる。

脳科学者の林成之《はやしなりゆき》氏は著書『子どもの才能は3歳、7歳、10歳で決まる!』（幻冬舎新書）で、三歳までの時期に知識の詰め込みや難易度の高い問題を解かせることはデメリットのほうが大きいなど、教育熱心な親が子どもに勉強させすぎることには慎重な姿勢を見せる一方で、「10歳以降は、脳はほとんど大人と同じになりますから、ガンガン勉強させてかまいません」と太鼓判を押している。

図6　小学校5～6年生の一日の時間配分

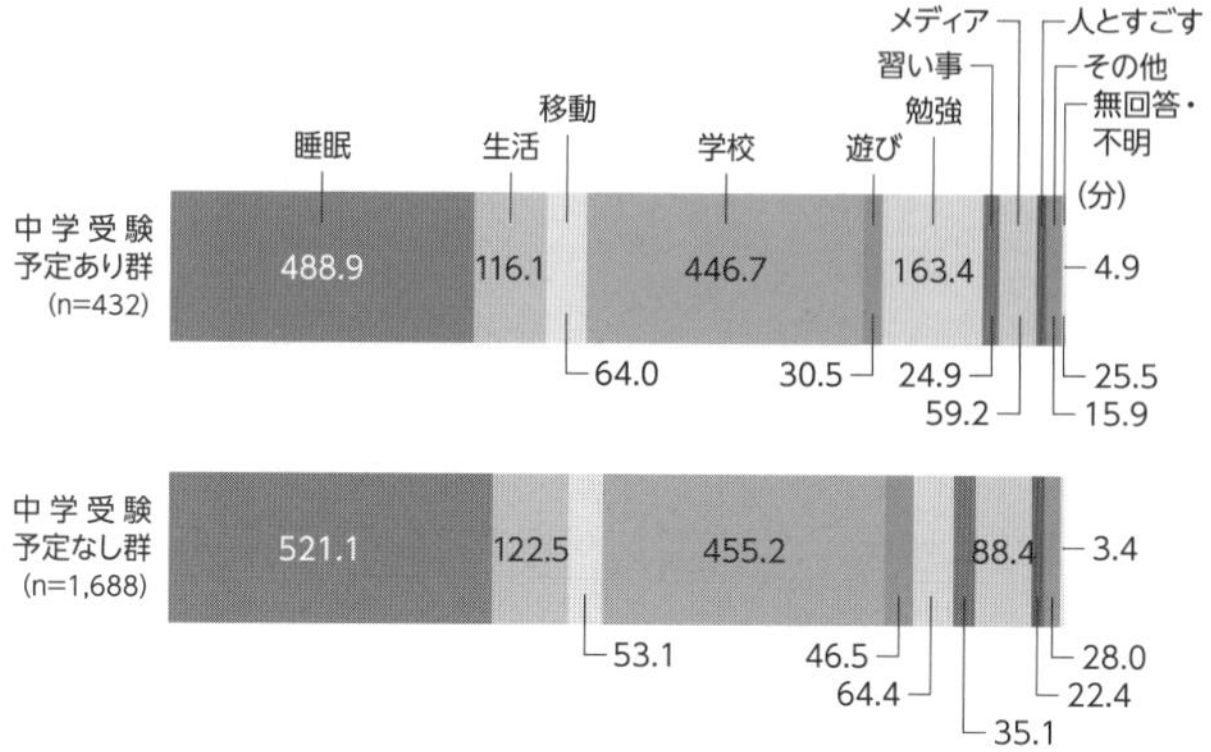

※「勉強」は「家での勉強（学校の宿題）」「家での勉強（学校の宿題以外）」「学習塾」の合計
ベネッセ教育総合研究所「放課後の生活時間調査報告書」（2008年）より

ちょうど中学受験勉強が始まる時期と一致する。

中学受験生の遊び時間は一五分しか減っていない

小学生が夜遅くまで勉強するなんておかしいという反論もあるだろう。では実際、中学受験をするのとしないのとでは、生活リズムはどう変わるのか。

ベネッセ教育総合研究所「放課後の生活時間調査報告書」（二〇〇八年）の小学校五〜六年生を対象にしたデータによれば、「中学受験予定あり群」でも一日八時間九分の睡眠時間を確保できている（**図6**）。

さらに、「中学受験予定あり群」の一日の

勉強時間は「なし群」のそれよりも約一〇〇分長いが、遊びの時間自体は約一五分しか減っていない。そもそも現代の小学生の放課後は短いのだ。五時の鐘《かね》が鳴り、帰宅し、夕食をとったあとはテレビ、パソコン、マンガ、本、音楽などのメディアの時間となる。「中学受験予定なし群」ではここが一日約九〇分もある。

これをどうとらえるかである。

日がとっぷりと暮れるまで友達と野山を駆けまわって遊べる環境にいるのなら、それはそれで魅力的だが、それができない環境で、結局ゲームしたり、スマホを見たりして時間を潰すことになるのなら、目標に向かって努力する中学受験という経験に、その時間をあててもいいのではないか。そして中学二～三年生で、高校受験を気にせずに、部活に打ち込んだり、友達と遠出をしたりしたほうが、人間的な成長の糧になる経験が多く得られるかもしれない。

実際ある中学受験生は「いま友達と遊ぶとしても五時の鐘が鳴るまで近所の公園で遊ぶかゲームをするか。でも中学三年生にもなれば、しかも私立の学校で友達をつくれば、電車に乗っていろいろなところに遊びに行けるし、友達同士でできることも増えるはず。できることが全然違う。だったらいま我慢したほうがいい」と言っていた。一理も二理もある。

あばれはっちゃくか、コペル君か

「小学生のうちは日が暮れるまで外で友達と遊んでいるのがいい」と言われると、かつてのテレビドラマの「あばれはっちゃく」を思い出す。半面、中学生になったらもっとたくさん無為な時間をすごさなければいけないのも、忘れてはいけない真実である。要するに、「あばれはっちゃく体験」をとるか「コペル君体験」をとるかという問題だ。

おそらく明確な正解はなく、判断基準はあくまでも個人の価値観ということになる。私の理想は「あばれはっちゃくにコペル君体験をさせてやれないか」である。

【第一章のまとめ】
中高一貫教育は、大学受験のための先取り教育ではなく、豊かな思春期を謳歌するためのゆとり教育である。

Column❶

サッカーと中学受験の両立、本当に可能でしょうか？

【Yさんの場合】

現在中二になる娘のときに初めて中学受験を経験。娘は小四までに習い事はほぼやめ、小五からは主に受験のために時間を費やしました。今回相談したい息子は娘と同じようにはいかなさそうです。サッカーが何より大好きな四年生。サピックスに通っていますが、学校のサッカークラブ＋クラブチームのスクールにも週四日通い、時間があればボールを蹴りに公園へ。週末も試合漬けです。本人は小六までサッカーを続け、将来的にチームをまとめる存在になりたいと思っているようです。私としては中学受験をせず公立＋クラブチームという選択肢も考えましたが、本人の希望もあり小六最後までサッカーを続けながら中学受験をし、文武両道の学校に進学したいと考えています。本当に両立ができるのかどうか、この選択は間違っていないのか不安になります。

Y：サッカーは五年生くらいでやめるつもりだったんですけど、地元チームのコーチは両立させたい考えのひとで。そのチームからは、最後までやっていても駒東《こまとう》とか明大付属とか桐《とう》朋《ほう》とかに受かっている子もいるのでと。あとは、うちの代では息子がキャプテンをやるような立場で、チームのことを考えると簡単にはやめられないんです。

おおた：それは大きな要因ですね。チームのために自分を犠牲にする必要はないけれど、そこに自分の存在価値を見出しているなら、子どもの成長にとって重要な経験かもしれません。クラブチームのサッカースクールというのは？

Y：そっちの正式な選手になるにはセレクションがあります。四年生から五年生になるときに、選抜チームのテストを受けたんですけど、二次選考で落ちてしまって。中学生になったらサッカーは学校の部活でやるつもりです。クラブチームを受けるとなると六年の夏くらいからセレクションが始まって受験と重なるんです。それに本人は高校選手権を意識して、学校のサッカー部で頑張るイメージをもっているようで。

おおた：中学から入れる高校サッカーの強豪はいくつかありますからね。ぎりぎりまでサッカーを続けるにしても、地元のチームかクラブチームのスクールか、どっちかをやめる選択はありますか？

Y：地元のチームをやめるつもりはないですね。六年になるときにサッカースクールはさすがにやめると思うんですけど。コーチからは「行きたい学校を一つに決めて、それ以下もないしそれ以上もなし！」って言われています。

おおた：志望校を一個に決めてそこだけにしようということですね。それは地元のコーチ？

Y：そうです。もう二〇年以上チームを見ていて、すごくいいコーチなんですけど。

おおた：いかにも体育会系なことをおっしゃいますね（笑）。でも、信頼の厚いコーチにそんなこと言われたら腹をくくろうかと思いますよね。

Y：夫も「**塾は進学先までは保証してくれるかもしれないけど、子どもの人生を保証してくれるわけじゃない**から、息子のやりたいようにやらせればいいし、サッカーの話をしているときはキラキラしているから、その軸をブレさせたら勉強にも身が入らないだろう」って。

おおた：それは正しいですね。

Y：だからやめないとは決めているけど、でもやっぱり不安になります。休部が許されるのは二カ月間だけだから、六年の一一月とかまでやる。本人は志望校を決めているんですが、いまのサピックスのクラスでその偏差値の学校を目指す子はほぼいません。ちなみに上の娘は偏差値がそれほど高くない女子校に通っていますが、すごく楽しいみたいです。つまり入ってからどれだけ頑張るかだなという気がしていて、コーチの言うことも一理あるなと。

何かに集中して取り組む能力は必ずスライドする

おおた：そこでどんな迷いがあるんでしたっけ？

Y：親としてはもうちょっと勉強に時間を割けたらちょっとでもいい学校に行けるかもという迷いがあります。まわりの子はいずれやめていくのも目に見えているので、まわりが気になっちゃう気持ちもあります。

おおた：じゃあ、本人というよりも、お母さんの気持ちの問題ですよね。

Y：そうなんです、子どもはブレてない。

おおた：てことは、答えは出てるし、お母さんも答えを知っている。その中で「本当にいいんだろうか？」っていう迷いが消えないみたいですけど、最後は息子さんが太鼓判を押してくれるから。「これで良かった！」って。

Y：その太鼓判を押してくれるのはいつなんですか？

おおた：子ども自身が最後に晴れやかな顔をして「お母さん、僕の受験終わったよ」って言ってくれたら、私たちの受験はこれで良かったんだって思える。それまではずっとモヤモヤだと思いますけど、それはどんな選択だってそう。選択したあとも常に、これで良かったんだろうかって不安な気持ちを抱え続けるもの。でも最後は子どもが**「これで良かったんだよ！」って教えてくれる**から。子育てってその連続ですよ。もっとやったら伸びるっていう確信があるから、迷いもあるんでしょうけどね。

Y：うーん、最近はあきらめましたけど、それがあるんでしょうね。土日も本当に家にいなくて、サッカーの練習の前にサッカーしに行っちゃうんですよ。自分でタイムマネージメントしたいタイプで、朝七時半になったら勉強するからって、時間をとるタイプなんです。

おおた：すごい！　多くの中学受験生の親がうらやましがる話ですね。

Y：けど、決めた時間しかやらないし、あとから「これも」って言うと怒るんですけどね。

おおた：そりゃあ怒りますよ（笑）。やる気ってどうやったら出るんですかってよく言われるんですけど、親って、自分の望む方向に発揮されるやる気しかやる気と認めないんですよね。でも息子さんはいまサッカーに対するやる気が満点でしょ。それを折っちゃうのはすごくもったいない。何かに集中して取り組む能力って必ずスライドするから。サッカースクールを無理矢理やめさせたからって勉強するわけじゃないし、受験が佳境になったら、「サッカースクールはなくていいや」って言い出すかもしれないし。

Y：私もそれを期待してます。

おおた：フルでギリギリまでやるガッツがあるなら、それも大したものだし。いずれにしても「いざとなったらこういう選択肢もあるよね」っていう会話をいまのうちにしておいたらいいかもしれない。親から選択肢を示されたうえで「自分の気持ちに正直に判断しなさい」って言われると子どもは安心するし、自分の人生に対して責任を感じるようになるから。

Y：サッカーをやめさせても勉強すらしなくなるのは最悪だとわかるのですが、仮にサッカーを無理矢理でもやめさせたがゆえに結果的に難関校に合格できたとしても、子どもにとってマイナス点があるんですか？

おおた：何かに向かって夢中になるっていう、人生でいちばん強みになる非認知能力を折ってしまう。**たかが偏差値の五や六のため**に、その成長を止めちゃうのはどう考えても損。

Y：となると偏差値ってよくわからないです……。サピックスのトップクラスって算数が好きで仕方ないとか、御三家とかってそういう子たちの学校なんですよね。

おおた：みんながそうじゃないけど、たしかにそういう子たちはいて、彼らはさらりと東大にも入っちゃうんですよ。でもそれはサッカーでいえば名門クラブチームのトップチームみたいなことだから。そういう子たちが塾のトップクラスに集まって楽しくやってるところに対抗する必要はないんですよ。

Y：うちがいま気になるのは、サッカーが強い國學院《こくがくいん》久我山《くがやま》とか明大付属、暁星《ぎょうせい》、早稲田《わせだ》実業、攻玉社《こうぎょくしゃ》。都立三鷹《みたか》もいいですよね。でも対策が違うかなって。

おおた：公立中高一貫校の過去問を解いてみてある程度点数がとれるなら、やってみる価値はあると思います。短期の対策講座を受けてみたうえで模試を受けて、ひょっこりいい点数をとれたらめっけもんだから、余裕があったらやってみてもいいと思う。四科目のベースがあるうえに、本が読めて文章が書けるのならそれだけで結構いけますから。

Y：……もう、私が気持ちを切り替えるしかないですね！

おおた：一般的に習い事と中学受験の両立が難しいのは「勉強したくない」っていう気持ちの言い訳として「サッカーを続けたい」というとき。そういうときは、サッカーをやってるときも中途半端で、勉強しているときも目が死んでるはず。本当にサッカーを楽しそうにやっていて、だから勉強もやるんだって自分の意志をもってやってるなら、両立は正しい。

Y：そっか、目を見ればいいんですね。楽しそうにやってます。

おおた：サッカーも惰性でやっているとしたら、テコ入れは必要かもしれないですけどね。子どもが決断できないところを、親が手助けをしてあげるのはありだと思う。それは、意志をねじ曲げるのじゃなくて、下すべき決断を後押ししてあげることになりますから。

不安を子どもにぶつけちゃうのは親の未熟さ

Y：六年になったらやっぱり勉強時間の差が出て成績が落ち始めると思うんですけど、どんな言葉をかけたらいいですか？

おおた：本人がわかってることは言わないことです。言っても結果が良くなるわけはないんですよ。不安になるのがいけないわけじゃないけど、不安を子どもにぶつけちゃうのは親の未熟さ。最初からできる親はいないから、親も失敗のなかから学べばいい。

Y：**子どもの受験でこんなに自分が試されるなんて思ってなかった**んですよ。すごくいろんなことが揺らぐし。子ども以上に自分が成長というか、考えることが多くて。

おおた：うんうん、それはすごく正しいの。不安だったら、子どもに指図するんじゃなくて、お母さん自身が自分の想いを素直に子どもに伝えて、そのうえで子どもがどうするかを観察すればいい。その中に少しでも成長があれば喜びましょうよ。机に向かっているときの目が違うとか、少し正答率が上がるとか、集中力が高まってるとか。どんな小さなことでも気づいたらフィードバックしてあげるといい。

Y：「成績が落ちたよね、お母さん不安なんだけど」っていう言い方でいいんですか？

おおた：あぁ、そうか。それだと不安をそのままぶつけることになるじゃないですか。たとえば「サッカーも勉強も頑張ってるけど、思ったような結果が出ないとつらいんじゃないかって、お母さん心配なんだけど、大丈夫？　何か手伝えることある？」みたいに、いまにフォーカスして、自分の気持ちをもう少し丁寧に説明したほうがいいですね。

Y：つい、思いついたことをすぐ言っちゃう（笑）。

おおた：そこで「言葉を選ばなきゃ」と思って一拍《いっぱく》おけるようになるだけでも、**親としてはすごい成長**なんですよ。意識しようと思ってもいつもできるわけじゃないから、ついやっちゃったら、あとから「ごめんね」って言えばいい。そんなことをくり返していると、中学受験を通して親も成長できますから。そうしたら子どものことがもっと輝いて見えるようにきっとなります。そうなれば、どんな学校に行くことになっても中学受験は大成功でしょ。

第二章

シラバスよりハビトゥス ～私学に通う意味

学校に特有の非認知能力のブレンド

拙著『名門校とは何か？』から引用する。

> いい味噌《みそ》や醤油《しょうゆ》をつくる昔ながらの蔵元には、「家付き酵母」が棲《す》み着いているという。長い年月をかけてそこに棲み着き、味噌や醤油に、そこでしか再現できない独特の「風味」を加える。同じ材料、同じ製法で造っても、他の蔵元では同じ味は出せないのだそうだ。
>
> 学校にも似たところがある。生徒は毎年入れ替わるし、当然一人ひとり違うのだが、それでも同じ学校の生徒には共通する「らしさ」が宿る。

この「らしさ」を身にまとうことこそ、わざわざ高い学費を払ってまで私学（私立学校）に通う意味である。この章ではそういう話をする。

「らしさ」は、「学校の文化」ともいえるし、「ハビトゥス」とも言い換えられる。ハビトゥスとは、社会学用語で、特定の集団に共通してみられる思考やふるまいのパターンを生み出す、諸要因の集合というような意味である。いまどきの言葉を使うなら、その学校に特有の「非認知能力のブレンド」と表現してもよい。

　首都圏には約三〇〇の個性豊かな私立中高一貫校があるといわれている。私はこの約三〇〇校全体を、一つの巨大な教育システムととらえている。この巨大な教育システムの中から、文化的にも学力的にも最も適した自分の居場所を見つけるプロセスが、中学受験なのだ。

教科とは巨人の肩に乗ること

　ときに学校とは何か。

福沢《ふくざわ》諭吉《ゆきち》は「文明教育論」で、「世界万物についての知識を完全に教えることなどできないが、未知なる状況に接しても狼狽《ろうばい》することなく、道理を見極めて対処する能力を発育することならできる。学校はそれこそをすべきところであり、ものを教える場所ではない」という主旨を述べている。

　人類の知のフロンティアが拡大するにつれて、方面ごとに手分けして研究をしなければならなくなった。そうしてできたのが学問分野であり、それぞれの分野のエッセンスを極限まで凝縮して一気に学べるパッケージにしたものが教科である。

アイザック・ニュートンは、人類の過去の叡智《えいち》を踏まえてその水平線の向こうにある新しい発見をすることを、「巨人の肩に乗る」と表現した。教科とはまさに巨人であり、人類の偉大なる財産だと私は思う。

教科学習など実社会では役に立たないと言うひともいるが、教科学習とは世界を見る目を養うものであって、直接的に何かに役立てるためのものではない。

高校「普通科」はフツーじゃない

この複雑怪奇な世の中を、そのまま丸ごと飲み込んで咀嚼《そしゃく》できる巨人などいない。できるだけ小分けにして、少しずつ理解するしかない。そのために教科は細分化されている。

ひととおりの教科を学んだのちにそれらを自らの中で統合することで、ようやく世の中の道理つまり普遍性が少し理解できるようになる。それを教養と呼ぶ。教養があれば、未知なる状況に接しても解決の糸口を見つけることができる。このように円環的に作用してはじめて教科は役に立つのだ。

これが高校の「普通科」の呼び名のもとになっている「普通教育」の理念である。この場合の「普通」とは「凡庸《ぼんよう》」という意味ではない。「普遍」という意味なのだ。

各教科の視点から世の中を見る

たとえば目の前に卵が一つあるとする。

この卵を家庭科室で見れば、どんな料理ができるかという話題で盛り上がれるだろう。どんな栄養素が含まれているかという問いを立てることも可能だ。

なぜ一個二〇円で買えるのかだとか、どのような流通経路で鮮度を保ちながらスーパーの店頭に並ぶのかだとかを社会科的関心から調べてみることもできる。

その卵が無精卵《むせいらん》か有精卵《ゆうせいらん》かを見分ける方法や、卵の体積を求める方法を考えれば、すなわち理科になる。

卵の殻を楽器やアートにすることもできるかもしれないし、生卵を持ち歩くためのケースを技術の時間につくってみるのも面白い。

ちょうど卵形になるような曲線を描く数式を求めるという数学の発展的課題も可能だし、卵を意味する外国語や卵を使った慣用句を列挙してみても何かしらの発見があるだろう。

こうやってさまざまな教科の視点から一つの卵を見ることで、卵という概念を多面的に理解することができるわけだ。

虫の目、鳥の目、魚の目を良くする

原子力発電や新型コロナウイルスなどについても同様だ。理科的、社会科的、保健体育的、国語的……、それぞれの観点でとらえ方は変わる。特定の分野からだけ見ていては、現実社会における最適解にはたどり着けない。

要するに、学校で学ぶのは、道理を見極めるための目を良くすることだといえる。目をさらに、虫の目、鳥の目、魚の目に分解できる。虫の目とは、顕微鏡で覗くように、物事の細部を解像度高くとらえることだ。鳥の目とは、学問分野を超えて物事を俯瞰《ふかん》する大局観。魚の目とは時流を読み解く力。

虫の目は各教科の中で鍛えられる。しかし鳥の目や魚の目を鍛えようとするならば、各教科の視点を統合する学習や経験が必要になる。それが二〇二〇年から始まる新学習指導要領の目玉「探究学習」の役割でもある。

フリーズドライを戻すのが教員の役割

しかし一般的に教科教育は評判が悪い。面白くないといわれる。

たしかに子どものころ、教科書をただ読んでもあまり面白くは感じられない。あまりに凝縮されすぎているからだ。まるでフリーズドライにされた食品である。

そこに湯を注ぎ再びなめらかな質感を取り戻すのが、教員の役割だ。たった数行にまとめられた事実の中に、本来はどれだけ多くの先人の労力や時間や熱意が詰まっているのかを語り、リアリティを甦《よみがえ》らせる。それぞれの専門分野を究めた教員が、教科書の行間に潤《うるお》いをもたらし、それぞれの教科の観点から世の中を見る面白さをいきいきと伝えてくれる。

私は仕事柄、さまざまな学校の授業を見学するが、そういう授業によく当たる。一時間の授業を見学して、教科書にしてたった一行しか進まないこともある。そんな授業がつまらないわけがない。

日本人の教養レベルを爆上げするには？

教科書が面白くない、授業がつまらないという子どもたちの気持ちもわかる。ただし、彼らが面白くないといっているのは教科学習そのものではなく、テストで点をとるための勉強だ。教科の世界の面白さをこれでもかと伝えて生徒を夢中にさせる代わりに、「テストに出るぞ！」と脅すことでしか自分の授業を聞いてもらえない教員は実際多いのだろう。

大人になってから高校の教科書をめくると面白く感じられるのは、行間を理解するだけの教養がある程度蓄積されていることに加え、テストのためという呪縛《じゅばく》がないからだ。

もし日本中の教員が、テストで点をとらせることなど忘れて、純粋に自分が専門とする教科の世界の楽しさ豊かさ不思議さを好き放題に語ってよいことにすれば、中高のあいだ、毎日学校に通って一日六時間授業を聞いているだけで、生徒には相当な教養が身につくはずだ。そうすれば日本人の教養レベルは飛躍的に向上するだろう。

カリキュラムでは学校の違いは出ない

ただし、学習指導要領が実質的に法的な拘束力をもっており、検定教科書まで用意されているのだから、私立であろうが公立であろうが、教科学習の内容に大差はない。

教員の力量に差があることは否めないし、現在の公立学校の処遇の劣悪さゆえ優秀な教員が私学に集まりやすいという構造的な問題はあるが、カリキュラム云々《うんぬん》で学校を比較してもさほどの違いは見出せない。

さて、ここからようやく公立の学校と私学の違いに話が至る。

再び問う。学校とは何か。

言わずもがな、学校は教科学習をするだけのところではない。そこには部活があり、行事があり、何より人間関係がある。子どものころ、授業以外の部分に学校の価値を感じていたひとは多いはずだ。

教科学習のカリキュラムは基本的に学習指導要領に規定されており、シラバス（学習計画表）という形でほぼ言語化できる。しかし教科学習以外の部分では、学校ごとの文化の違いが出やすく、言語化もしにくい。その言語化しにくい部分こそが、この章の冒頭で触れたハビトゥスだ。

大切なのはシラバスよりハビトゥス

芸事《げいごと》の師《し》匠《しょう》と荷物持ちが長い期間いっしょにいるだけで、そぶりや口癖までが自然と似てくるように、ハビトゥスは、少しずつ時間をかけてひとからひとへと伝染する。

シラバスの内容を学ぶだけなら、いまやオンライン授業や通信教育でもことたりる。それでもいまだ学校がなくならないのはなぜか。ハビトゥスこそが学校に通う真の目的だからだ。コロナ禍の一斉休校で、私たちはそれを痛感させられた。

思春期ゆえのさまざまな葛藤を試行錯誤しながら乗り越えることで、少年から大人への人間的な成長がもたらされると前章で説明した。試行錯誤の際にこそ、学校のハビトゥスが生徒の体に染み込む。先輩たちの試行錯誤経験を参考にしながら後輩たちも試行錯誤することで、ハビトゥスが継承されるのだ。

中世において、イギリスをはじめとするヨーロッパの上流階級では、家庭教師が教育を行っていた。上流階級のハビトゥスが閉じられていた。それを一般の子どもたちにも解放しようとしてつくられたのが「パブリック・スクール」という私立の寄宿学校だった。パブリックといっても「公立」ではなく「開かれた」という意味である。優秀な子どもたちを集め、共同生活をするなかで、教科学習だけでなく、上流階級のハビトゥスを継承した。これが近代的な学校の祖である。

日本でも一七世紀から藩校のようなものができはじめ、それまで家の中でしか継承されなかった無形価値を、社会の公共財として継承する考え方が全国に広まった。

自分がすごす環境のにおいを選ぶ

学校のシラバス的要素とハビトゥス的要素を図式化したのが**図7**だ。教科教育の中にもハビトゥス的要素はあるし、その逆もあるので、実際にはこんなにきれいに区別できるわけで

図7　学校の機能（概念図）

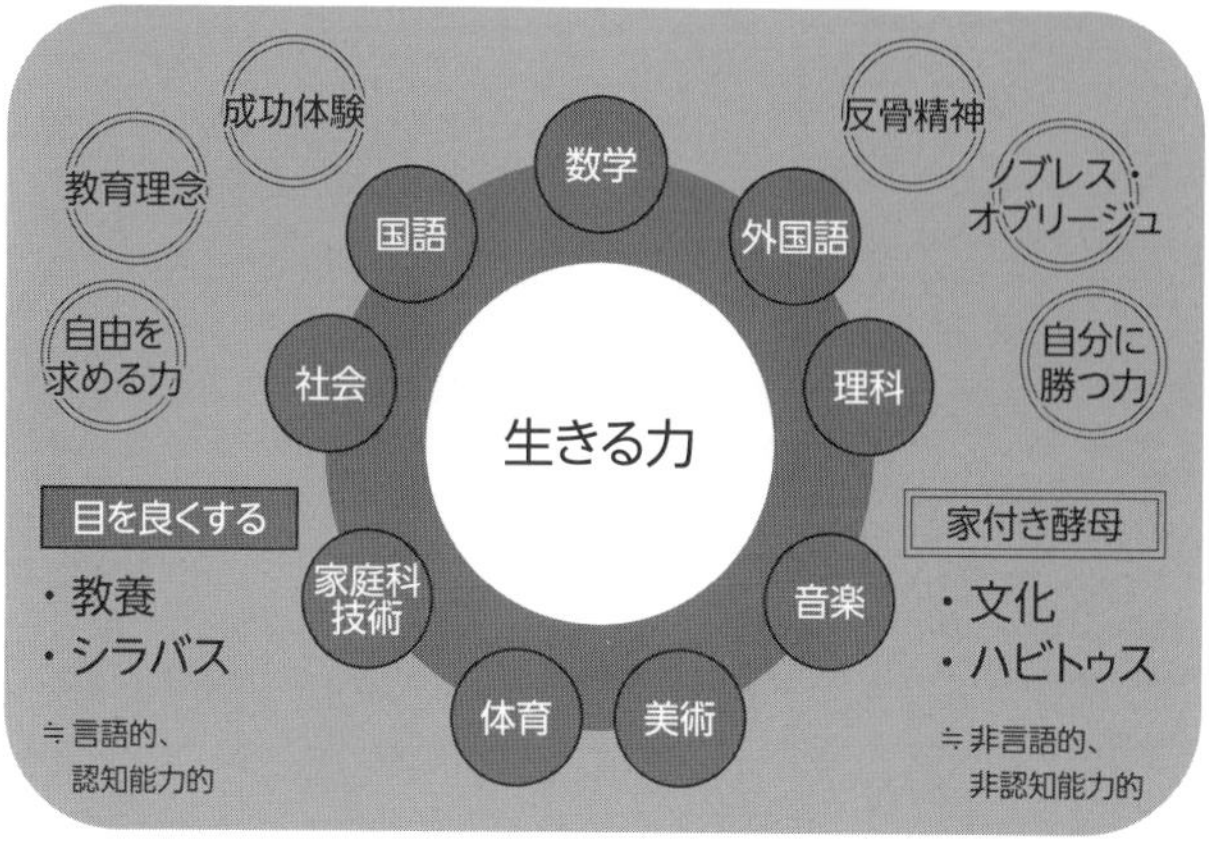

筆者作成

はないが、概念的に表してみた。

シラバス的要素は、コード化（言語化・数値化）しやすい。わかりやすくいえば、コンピューターが得意とする分野だ。ハビトゥス的要素は、その逆。非言語的にしか伝えられない。教育の専門家の間では、ハビトゥス的要素のことを、ヒドゥン・カリキュラム（隠れたカリキュラム）と呼ぶこともある。

ＩＱのように数値化しやすい能力を認知能力、やり抜く力や協調性などの数値化しにくい能力を非認知能力と呼ぶのが昨今の流行りだ。それに従えば、シラバス的要素とはすなわち認知能力的領域であり、ハビトゥス的要素とはすなわち非認知能力的領域であることがはっきりする。非認知能力については第三章でもう少し詳しく説明する。

非認知能力があってこそ認知能力も生きる。いくら個別の筋肉を鍛えてもそれらを統合的になめらかに動かす能力がなければホームランが打てないのと同じだ。

鍛える筋肉や鍛え方には、公立だろうが私立だろうが私立の中のどんな学校だろうがさほどの違いはないが、身のこなし方に、学校ごとの「らしさ」が表れる。ハビトゥス的要素の違いこそが、学校のにおいを決める。この学校のにおいが、私学の場合、一校一校違う。

中学受験をして自分が通う私学を選ぶということは、自分がすごす環境のにおいを選ぶことに等しい。私学に入るとは、学校でサービスを受けるのではなく、自分自身が学校の一部としてハビトゥスを継承する媒介になることを意味する。

教員が異動しないのも私学の魅力

学校の中で生じた小さな成功体験（ときに失敗体験も）の数々が、単なる個別の体験としてではなく建学の精神に結びつけられて文脈化されたとき、学校全体の共通体験として生徒や教員の中に積み重なり、学校全体にとっての当たり前の水準を押し上げる。こうしてつくられた学校ごとの当たり前がハビトゥスの正体だといえる。

長年の堆積《たいせき》作用でつくられた土壌のように、あまりに多層的で複雑であるがゆえ、「これがこの学校のハビトゥスだ」と一部の要素だけをくくりだして明示できるものではないが、全体として一見すればその違いは明らかだ。

ちなみに国立中学校は組織的な独立性が高く、公立中学校よりも私立中学校に近い。実際それぞれに明確なハビトゥスがある。

正統としての公立学校、異端としての私学

公立学校に私学のようなハビトゥスがないわけではない。私学のハビトゥスが創立者の遺志に強く影響されるものだとすれば、公立学校のハビトゥスは、地域の文化を反映したものだ。私学の校長に伝統を守る責任があるのと同様に、各地域の教育委員会の長には地域の誇りと期待を担う責任がある。

特に旧制一中、旧制二中と呼ばれるような戦前からの公立名門校には、地域の文化や風土、期待や誇りが凝縮されている。それが生徒たちに染み込み、リーダーを輩出することで、地域のハビトゥスが再生産される。公立学校にはそういう機能がある。

それに対し、出来合いの価値観ではなく、それぞれ自前の価値観に基づいて教育を行うの

が私学である。もともと私学とは、社会の不満分子なのである。

開成も麻布も、もとをただせば明治維新の負け組が興《おこ》した学校だ。東京に私学が多いのは、江戸の文化が新政府に乗っ取られ、それに不満を抱く者たちが多かったからだ。舶来のキリスト教主義の学校は常に迫害を受けていた。それでも屈することなく、自らの信じる教育を続けてきた。

福沢諭吉はあれだけの才覚がありながら、中央権力から常に距離をとり、教育と言論の立場から社会に多大なる影響を与えた。福沢は「瘦我慢《やせがまん》の説」という文章の中で、維新後に新政府に懐柔された旧幕臣を揶揄《やゆ》すらした。

福沢はまた、有名な「文明論之概略」で、「文明の進歩は全て異端妄説《いたんもうせつ》から始まっている」と喝破《かっぱ》する。それがまさしく、公立学校に対して私立の学校が存在する社会的意義だ。

現状の社会を支えるインフラとして公立学校が公教育の大半を担いながら、一方で、一定数の私学が異端として存在することで、社会の安定性と変化の両方が担保される。要するに、公立学校に対するオルタナティブ（別の選択）としての私学だ。

それぞれに存在意義があるのであって、公立と私立とどちらが良いかという比較には意味がない。大上段からとらえれば、正統としての公立学校か、異端としての私学かである。

ご当地名門校があるなら中学受験は不要

地方では正統のハビトゥスが強烈なにおいを放っている場合が多い。そういう地方で人生を支えるハビトゥスを得るという意味では、むしろ公立名門校を目指したほうがいい。東京など、異端のハビトゥスが多様なにおいを放っている地域に中学受験文化が限定されているのはそのためだ（図8、図9）。

地域には地域の教育文化があるので、それをよく理解してほしい。首都圏など中学受験が盛んな地域の教育文化を理解しようともせず、自分の育った教育文化を前提にわが子の受験と進学の方針を決めてしまうことは浅はかであるし、その逆もしかりである。

ただし公立の場合、濃いハビトゥスの存在が上位校に限定されがちだ。また、社会情勢や、首長や教育長が替わるなどの外的要因による影響も受けやすい。その点、私学では偏差値に関係なく学校を満たすハビトゥスの濃度が高いうえ、組織的に独立性が高いので外的影響も受けにくい。しかも私学には教員の異動がないので、ハビトゥスが維持されやすい。

ちなみに、卒業して数十年経ってふらっと訪れても恩師がいてくれることは、私学の魅力の一つでもある。

	全体(A)	公立	私立(B)	国立(C)	(B+C)÷A
三重	47,472	44,924	2,121	427	**5.4%**
滋賀	40,601	38,746	1,533	322	**4.6%**
京都	65,443	56,281	8,766	396	**14.0%**
大阪	220,342	197,648	21,506	1,188	**10.3%**
兵庫	142,012	129,464	12,269	279	**8.8%**
奈良	36,085	31,172	4,506	407	**13.6%**
和歌山	23,633	20,984	2,233	416	**11.2%**
鳥取	14,522	13,800	316	406	**5.0%**
島根	17,119	16,887	232	—	**1.4%**
岡山	50,683	47,861	2,284	538	**5.6%**
広島	74,729	66,031	7,460	1,238	**11.6%**
山口	33,677	31,888	1,110	679	**5.3%**
徳島	17,397	16,605	396	396	**4.6%**
香川	25,567	23,973	967	627	**6.2%**
愛媛	33,235	31,853	999	383	**4.2%**
高知	16,999	13,543	3,038	418	**20.3%**
福岡	136,797	128,436	7,271	1,090	**6.1%**
佐賀	23,275	21,509	1,337	429	**7.6%**
長崎	35,687	33,274	1,986	427	**6.8%**
熊本	48,218	46,276	1,468	474	**4.0%**
大分	29,212	28,056	679	477	**4.0%**
宮崎	30,211	27,721	2,001	489	**8.2%**
鹿児島	44,912	42,409	1,965	538	**5.6%**
沖縄	48,763	46,045	2,239	479	**5.6%**

図8　都道府県別中学生の在籍者数

	全体(A)	公立	私立(B)	国立(C)	(B+C)÷A
全国	3,211,219	2,941,423	242,095	27,701	**8.4%**
北海道	123,129	118,886	2,983	1,260	**3.4%**
青森	30,206	29,192	523	491	**3.4%**
岩手	30,388	29,710	266	412	**2.2%**
宮城	58,381	56,566	1,344	471	**3.1%**
秋田	22,182	21,750	—	432	**1.9%**
山形	27,473	27,070	—	403	**1.5%**
福島	47,108	45,961	738	409	**2.4%**
茨城	72,868	68,855	3,581	432	**5.5%**
栃木	51,558	49,820	1,306	432	**3.4%**
群馬	51,167	49,453	1,307	407	**3.3%**
埼玉	186,455	176,386	9,605	464	**5.4%**
千葉	156,873	146,183	10,237	453	**6.8%**
東京	304,405	225,116	76,707	2,582	**26.0%**
神奈川	224,709	199,073	24,805	831	**11.4%**
新潟	53,720	52,074	618	1,028	**3.1%**
富山	26,565	25,844	242	479	**2.7%**
石川	30,259	29,451	339	469	**2.7%**
福井	21,170	20,763	407	—	**1.9%**
山梨	21,202	19,712	1,044	446	**7.0%**
長野	55,507	53,489	946	1,072	**3.6%**
岐阜	54,433	52,967	1,466	—	**2.7%**
静岡	97,950	91,755	5,125	1,070	**6.3%**
愛知	206,920	195,961	9,824	1,135	**5.3%**

文部科学省「学校基本調査」(2020年度)より算出

図9　2019年度東京都内公立小学校卒業者の進路

		東京都全体	区部
卒業者		96,868	61,465
都内中学校等への進学者	計(A)	95,288	60,350
	公立(都立を含む)	77,021	45,678
	都立	1,390	829
	国立	408	327
	私立	17,859	14,345
	都立+国立+私立(B)	19,657 21%(B÷A)	15,501 26%(B÷A)
都外中学校等への進学者		1,473	1,038
その他		107	77

東京都「令和2年度公立学校統計調査報告書
【公立学校卒業者(令和元年度)の進路状況調査編】」より算出

私学の魅力はブレない教育

現代のように変化の激しい時代にはますます不動点のごとき私学の建学の精神が大きな機能を果たすとも考えられる。

生物は、ＤＮＡという本質があるからこそ、環境の変化に柔軟に対応できる。私学においては創立者の遺志すなわち建学の精神がその役割を果たす。建学の精神という不動の参照点があるからこそ、変化の激しい時代においても柔軟に変化を受け入れながらブレない教育を続けることが可能なのだ（図10）。松尾《まつお》芭蕉《ばしょう》の「不易流行《ふえきりゅうこう》」である。

したたかな建学の精神をもつ学校のみが、百年以上の歴史を積み重ねることができる。

図10　教育の不易流行（概念図）

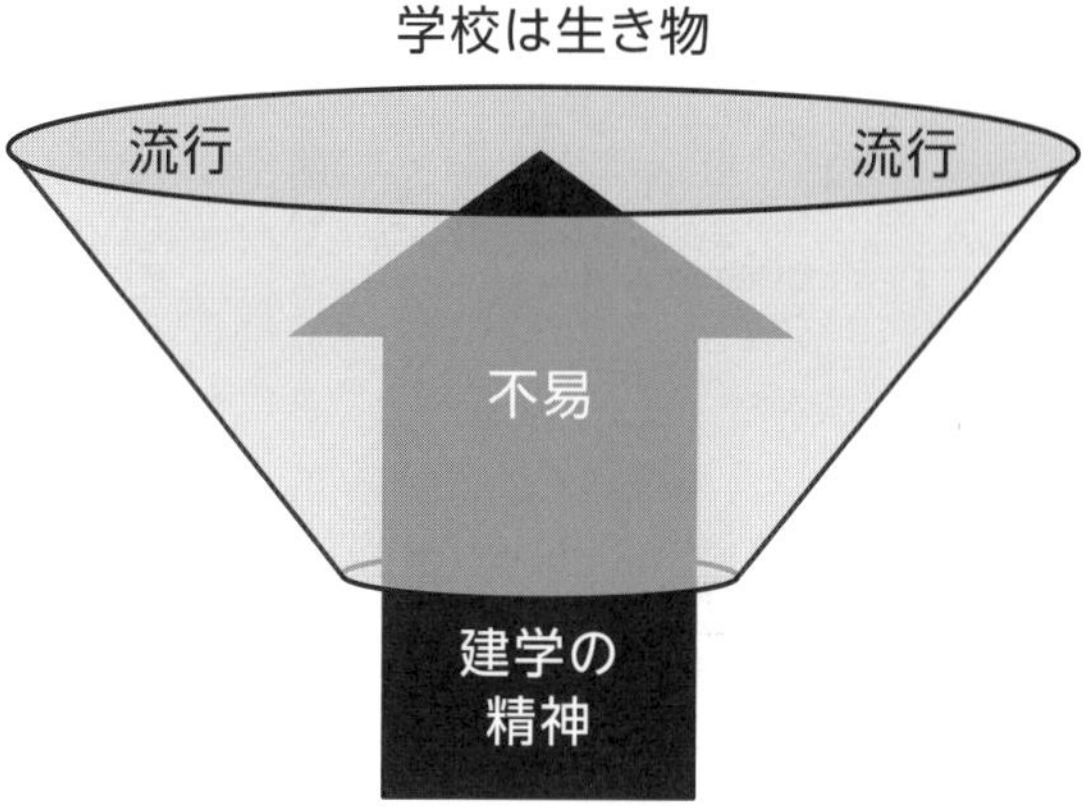

筆者作成

そのような学校には、学校自体に生き延びる力がある。それが生徒たちにも浸透する。伝統ある学校に通うことは、それだけで大きな価値がある。

逆に、不動点をもたない組織はもろい。時代の変化のなかで翻弄《ほんろう》され、簡単に機能停止に陥る。だから、「教育改革」などといって後手の対応をする。日ごろから柔軟に変化に対応していれば、どこかで一気に改革する必要などないはずだ。

生物と機械の違いに例えるとわかりやすい。生物は毎日少しずつ変化して、気づけば大きく変化している。しかし機械はときどき人為的にアップデートしてやらなければならない。アップデートした瞬間にガラッと変わるが、世の中は常に変化しているので、すぐまた時代遅れになる。

日本社会が何十年も「教育改革」を叫び続けているのは、教育が無機的なシステムだととらえられているからだ。そのたびに特に公立学校は振り回されやすい。

学校とは問いを授かるところ

私は魅力的な学校を訪ねその様子を文章にすることを生業《なりわい》にしている。ただし新しい教育手法だとか教育ツールだとかには興味がない。私が描こうとするのは、ハビトゥスなのだ。もちろんハビトゥスをそのまま言語化などできない。だから生徒の様子や教員のふるまいを描写し、行間からハビトゥスを感じとってもらいたいと思っている。

そうして書いたものが、たとえば『名門校とは何か？』『地方公立名門校』（いずれも朝日新書）であり、『名門校の「人生を学ぶ」授業』（SB新書）であり、『超進学校トップ10名物対決』（日経プレミア）である。

申し訳ないが、シラバス的な観点で学校を比較検討しようとしているのなら、これらの本は役に立たない。

さらに特定の学校に踏み込んでハビトゥスをあぶり出そうと挑んだのが『名門校「武蔵」

で教える東大合格より大事なこと』（集英社新書）であり、『麻布《あざぶ》という不治の病』（小学館新書）だ。後者から引用する。

> 学校とは、集団幻想を演じる空間である。そう確信した。
>
> 本書を読めば明らかなように、言葉や絵にできる麻布らしさなんてものはない。しかしながら麻布らしさという幻想なら確実にある。麻布の空気を吸った者たちが、それぞれ勝手に自分の中に「こうあるべし」という姿を構築し、あたかもみんなが同じものを共有しているかのような幻想を互いに抱きながら、自分の役割を思い思いに演じている。全体としてその様子を見ていると、あたかもそこに麻布らしさなるものが実在しているかのように見えてくる。まるでパントマイムである。

これまでの取材経験を思い起こしてみれば、私学にせよ公立名門校にせよ、愛され続ける学校はこの点においてみな同じだ。

この、実際にはありもしないらしさがそのまま絶対的な誇りになる。人生に迷ったとき、「○○らしくあろう」と考えると、まるでそれが呪文のように勇気を与えてくれる。で、そこで改めて考える。「ところで○○らしさって何だっけ？」と。卒業生一人一人にとって、あるいは同じひとでも人生の局面局面において、その意味は変わる。

　つまりらしさは、誇りであり同時に問いである。卒業生たちは絶対的な誇りを胸に抱きながら同時に、いつまでも答えがわからない問いを抱え続ける。

　つまるところ、ハビトゥスとは問いであり、学校は答えを見つけに行くところではなく、問いを授かるところなのだ。

創立者の伝記と学校の沿革は要チェック

　学校取材で嫌われる質問がある。「この学校をひと言でいうと、どんな学校ですか？」である。ひと言でいえるわけがない。むしろ校長だって、本当はわかっていないのだ。もちろん生徒や卒業生にも自覚できない。

　ではどうやって学校のハビトゥスを見極めればいいのか。コツは、いちいち言語化しようとしないことだ。ありのままを見て、言葉にはならないハビトゥスを感じればいい。

　ただし学校の日常をそのまま覗き見ることはできない。そこで着目してほしいのが、創立者の伝記と、校長の佇《たたず》まいと、入試問題だ。

ハビトゥスの元は創立者の生き方そのものだ。創立者に関する伝記があれば、それが学校の本質を知るのに最も適している。同様に、学校そのものが大災害や戦争などの危機に際してどのように対処して生き延びたのかも、学校のハビトゥスを如実に表す。創立者の人生と学校の沿革についてはできる限り学んでほしい。私の書籍や記事でもそこにはできるだけ触れるようにしている。

校長の佇まいと国語の課題文を見る

校長は、建学の精神を体現する存在であり、生徒たちのロールモデルだ。学校説明会では、校長が何を語るのか以上に、どんな佇まいで語るのかを見てほしい。ここでも言語よりも非言語的な情報が重要だ。壇上で語る姿だけでなく、ほかの教員と何気ない会話をしているときの立ち居振る舞いも見ておくとなお良い。その雰囲気を見て、わが子にも似たような佇まいを身につけてほしいと思えるかどうかがポイントとなる。

入試問題は、学校からのラブレターだ。各校は受験生をふるい落とすために入試問題をつくっているのではない。このような問題を面白いと思ってくれる生徒に来てほしいというメッセージを込めている。プロの塾講師でもないかぎり算数の難題に込められた出題者の意図を読み解くことは難しいが、国語や社会の課題文なら普通の親でも読める。込められた想いを感じとってみてほしい。

12歳の子どもにハビトゥスは理解できない。ハビトゥスを選ぶのは親の重大な役割だ。

オンライン学校説明会の見所は？

生徒たちの息づかいを間近に感じられる機会として、文化祭や運動会は人気だ。しかしこれらのイベントはあくまでもお祭りであり、「ハレの日」と「ケの日」の、「ハレの日」にあたる。学校の日常ではないことに注意が必要だ。

しかも、本来これらのイベントは生徒たちのためのものであるはずだが、近年においては受験生親子へのプレゼンテーション的な意味合いが強すぎる傾向も目立っていた。訪れた受験生親子の満足度は上がるだろうが、入試広報担当の教員がいちばんはりきっているとしたら、学校として何かが歪んでいる。

その点、コロナ禍において、これらのイベントが一般非公開となるケースが増えた。これはケガの功名だったかもしれない。

それまでの行事運営ノウハウが通用しないし、教員たちにも何が正解かわからない。そのような状況で生徒たちが本当に主体的に、既成概念に囚われない形で行事を取り仕切ったのだとしたら、大したものだ。逆にそこでも外面を気にした演出が目立つのであれば、その学校はまゆつばだ。

コロナ禍でのオンライン学校説明会も同様。ライブ配信であったとしても、その構成自体に「どう見せるか？」という意図が働く。

ありのままの学校の姿を再現しようとしてあえて木訥《ぼくとつ》とした語りをするのか、ＩＴ企業の株主総会よろしくキラキラな演出をしているのか、その演出意図に学校の思想が反映される。やろうと思えばいくらでも盛れてしまう。言わずもがな、盛りすぎな学校はおすすめできない。自らのありのままをさらけ出せない学校が、子どもたちのありのままを認められるわけがない。

思想の違いをコロナ禍が可視化した

コロナ禍では、直《じか》に学校に触れる機会がなかなかない半面、一斉に同じ課題に直面しなければいけないからこそ、学校の違いが可視化されやすかったともいえる。

世界各国のコロナ対応にそれぞれの政治体制や文化の違いが表れるのと同じだ。ロシア、中国、シンガポールなど、政府が強力な権力をもっている国や地域では決断が早く、しかも強硬な手段が執《と》りやすい。一方、民主主義を重視する国や地域ではどうしてももたつくが、あくまでも市民の主体的生活は守られる。長い目で見ればどちらが良いかはわからない。

学校でも、トップダウンの組織ほど、決断は早い。民主的運営を重んじる学校では、職員会議は長いし、校長の権限も弱い。しかし長い目で見ると、民主的な学校のほうが時代の変化にうまく対応して生き延びていることを私はこれまでの取材経験のなかで学んだ。

現場の教員一人一人が自分の意見をもち、ある程度の裁量の中では自分の責任において判断するので、ゆらぎながらも、結果的には時代の変化にその都度うまく対応できるのだ。先述の生物と機械の対比とも似ている。

だからコロナ禍において、各校がどんな意志決定プロセスを経て、実際にどんな判断をしたのかがわかると、組織としての学校がよくわかる。

即断即決の学校であれば、やはりその組織文化が生徒たちにも伝わるし、民主的なプロセスを大事にするなら、やはり生徒たちもそういう作法を身につける。慎重に生徒の命を守ることを優先したのか、多少のリスクをとったとしても多感な時期の生徒たちの感性を鈍らせないことを優先したのかという違いも見てとれる。

もちろんコロナ禍での対応に正解などない。どんな対応を良いと思うかは、それぞれに価値判断してほしい。

コロナ禍で中学受験者が増えた理由

意外だったのは、コロナ禍で中学受験者数が増えていることだ。首都圏模試センターによると二〇二一年の中学入試では一四年ぶりに総受験者数が五万人の大台を超えた。模試の受験者数も過去最高を更新している。

中学受験者数は景気と連動している。コロナ禍で経済が打撃を受ければ中学受験者数も減るものだと私は踏んでいた。でも違った。二〇二〇年春の全国一斉休校期間で、私立と公立の違いが残酷なまでに露呈してしまったからだ。

私立の学校はそれぞれ独自の判断で異常事態に対応した。程度の差はあれ、オンライン化への対応もスムーズだった。しかし公立の学校では、一部の地域を除き、まともにオンラインへの対応もできなかった。それで、多少無理してでも私立に入れたほうがいいという動機が強まり、中学受験者が増えたものと考えられる。

図11　高校生一人当たりの学校教育費

	公立全日制高校（全国）	公立全日制高校（東京都）
学校教育費総額 （消費的支出＋資本的支出＋債務償還費）	¥2,527,244,873,000	¥176,516,502,000
生徒数	2,052,788	122,454
一人当たり学校教育費	**¥1,231,128**	**¥1,441,492**

文部科学省「地方教育費調査報告書」（2020年度、令和元年会計年度）
および「学校基本調査」（2019年度、令和元年度）より算出

	私立全日制高校（東京都）
東京都私立231校の事業活動支出計	¥205,406,000,000
生徒数	172,454
一人当たりの事業活動支出	**¥1,191,078**

東京都生活文化局「令和元年度学校法人財務状況調査結果」より

「私立にはお金がある」は間違い

私立と公立で、なぜこれほどまでに差がついてしまったのか。「私立にはお金があるから」と言うひとがいるが、間違いだ。私立高校の学費は高いが、公的資金を含めれば、生徒一人当たりにかけられているお金は、むしろ公立高校のほうが高い（**図11**）。

だとすれば、対応の違いは決済プロセスの違いとしか考えられない。

私学を社員一〇〇人程度の中小企業だとするならば、公立学校は同程度の規模であっても立場としては大企業の支社だといえる。地域の教育委員会が本社にあたる。

本社の経営判断なしに支社は勝手に動けない。それで多くの支社がフリーズしてしまっ

たのだ。その逆説的な証拠として、教育委員会に強力なリーダーシップをとる人物がいた地域では、公立でも例外的にオンライン化が進められた。

また、公立高校にいま国際バカロレア（ＩＢ：International Baccalaureate）対応校が増えていることからも、公立にお金がないというのが嘘だとわかる。国際バカロレアとは、ヨーロッパを中心とした大学入学資格制度だ。無試験での大学への入学資格が高校在学中に得られる。しかしこれに準拠した教育を行うには膨大なお金がかかる。

都内の難関私立中高一貫校の教員は「うちも国際バカロレアを導入できないかと検討はしてみたが、とてもじゃないけれど資金が足りない。税金という後ろ盾がある公立の高校に本気を出されたらかなわない」と嘆いていた。私立の場合、大学付属校のように資金的な後ろ盾がない限り、国際バカロレア導入は難しい。

限られた予算内で設備を充実させ、質の高い教育を行えているのは、私学の経営努力にほかならない。

「私学には多様性がない」は本当か？

「私立にはお金がある」と同様、「私立中高一貫校には多様性がない」という言説も、世間一般に流布《るふ》している。これも検証が必要だ。

公立中学校にはさまざまな家庭事情の生徒が集まる。一方、私立中学校に通う生徒の家庭はたいていの場合、裕福だ。経済的な意味での多様性はたしかに私立のほうが少ない。

しかし多様性とは、経済的格差が大きいことをいうのだろうか。経済的格差が大きい社会のほうが、多様性豊かな社会といえるのだろうか。そんなはずはない。

世の中に経済的格差が存在する現実は、それはそれで裕福な家庭に生まれた子も胸に刻まなければならぬことではあるが、それがあたかも学校の中にあるべき多様性であるかのようにいうのは間違いだと私は思う。それ自体は、公立学校においてもできるだけ速やかに解消されなければいけない社会課題であるはずだ。

常にアウェーな私学の生徒

「多様性の豊かさ」などという場合の多様性とは、文化や思想や価値観の多様性であるはずだ。その点では、私立中学校のほうが広範囲な地域から生徒が集まるぶん、多様性があるともいえる。彼らはホームタウンを離れて、常にアウェーの状態で学校にいる。

閑静《かんせい》な住宅街の一軒家に住む生徒もいれば、タワマンが林立するエリアから通ってくる生徒もいれば、郊外のベッドタウンから通学する生徒もいる。育ってきた環境がそれぞれ違うし、トランプやボール遊びのルールも地域によって違う。使う言葉だって違いがある。それぞれの地元の文化を持ち寄って、新しい文化を形成する。

かたや公立中学校の場合、近隣の小学校から、半径数キロ圏内に住んでいる生徒が集まっている。大半が小学校時代からの顔見知りだ。放課後に遊ぶ公園も、週末にすごすショッピングモールも、みんなのなわばりである。

この狭い地域に閉ざされた文化が大人になっても継続することを、マーケティング用語では「マイルドヤンキー」と呼ぶ。いくつになっても地元の数キロ圏内で生活が完結してしまい、世界の多様性からは切り離される。

学力が拮抗しているからこその多様性

私立中高一貫校に限らず、受験を経て入学するような学校には、似たような学力の生徒たちが集まる。それが生徒たちの感受性を狭めてしまっている可能性は否めない。だが、生徒たちの学力が拮抗《きっこう》していることにはメリットも多い。

教室の中の学力帯に幅がありすぎると、「あいつは優秀」「あいつはできない」などの偏差値的ヒエラルキーができやすい。しかし学力が拮抗していればこそ、ちょっとの努力の差で毎回の定期試験の順位は入れ替わるし、教科によって得意不得意が分かれる場合もある。部活や行事でも、常に一部の〝優等生〟が仕切るのではなく、状況に応じて頻繁にリーダーとフォロワーが入れ替わる。

また、学力最上位層が集まるような学校では、それまで常に学年トップだったような生徒でも、確実に半分が平均点以下の成績を経験する。必然的に誰かが学年ビリになる。

プライドが傷つくのではないかと心配する大人が多いが、そのような大人は子どものころ、よほど常に優等生だったのだろう。

そういう学校には自分よりもできる生徒がたくさん入ってくることくらい、入学する前から子どもだってわかっている。そこで親さえ余計なことを言わなければ、「上には上がいるもんだな」と素直に感じられるし、同時に〝優等生〟を演じなければいけなかった立場から解放される。

これが、小さなころから半ば神童《しんどう》扱いされてきた子どもにとっては、自分の殻を破るチャンスになる。テストの成績だけでなく、スポーツや音楽が得意だとか雑学に詳しいだとかもそれぞれの人間の魅力であることに気づけるようになる。これこそが本当の多様性ではないだろうか。

一般的にはこの状況を一五歳以降に経験する場合が多いのだが、それを一二歳で経験するのが中学受験なのだ。

「腐っても旧帝大」の悪循環

私立中高一貫校に関して私がむしろ問題だと思うのは、進路の多様性が乏しいことだ。これは日本式エリートの呪縛といえる。

毎年三月中旬に、東大合格者数ランキングを速報する週刊誌は売れる。東大に対するただならぬ国民感情の表れと見ていいだろう。

明治につくられた日本の学校制度は、全国で唯一の大学であった原初の「東大」に、全国から選りすぐりの秀才を集めるネットワークとして構築された。現在では全国に約七〇〇の大学があるが、なかでも東大には特別な感情を抱いてしまうＤＮＡのようなものを私たちがもっているのはそのためだ。

美しい花はほかにもたくさんあるのに、なぜか桜に特別な感情を抱いてしまうのと、どこか似ている。春になるとつい東大合格者数ランキングを見てしまうのは、文字通りの風物詩なのである。

さらにそれを教育行政が実《じつ》の部分で維持してしまう。大学運営のために国が支出する予算は、国立大学八六校に対して年間約一兆一〇〇〇億円であるのに、私立大学六一五校に対してはたったの約三〇〇〇億円だ。国立大学の中でも、いわゆる旧帝国大学と呼ばれる名門大学に配分が偏る。

「腐っても東大」「腐っても旧帝大」と言わんばかりの社会的バイアスが、中高生の進路選択にいまだ強い影響力をもっている。

優秀な生徒が似たような大学ばかりを希望するから、大学入試が過酷になる。それでいつまでたっても一部の大学の偏差値が高止まりする。そこにまた偏差値志向の受験生が集中するから、入試の過酷さは増す。学校も入試を意識した授業をせざるを得なくなる。それで教科学習がつまらないものになっていく。悪循環が止まらない。

子どもに損得勘定を刷り込むな

いまどき「頑張っていい大学に行っておかないとあとで苦労するぞ」と露骨に言う大人はさすがに減ってきているのではないかと思うが、ちょっとひねりを加えて、「将来

図12　思春期の内発的動機が高齢期の幸福感を高める

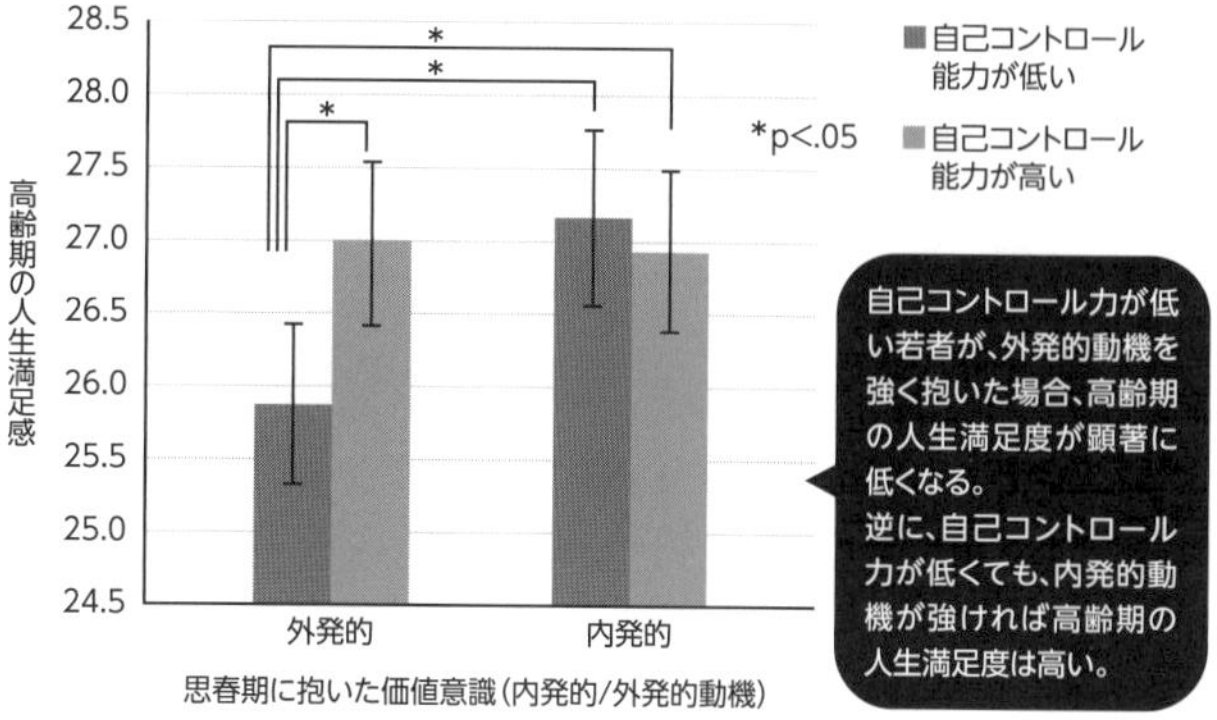

東京都医学総合研究所・社会健康医学研究センター
「思春期の時点で抱いていた価値意識が高齢期の幸福感を予測する
～60年以上にわたる大規模コホート調査によるエビデンス～」(2020)より

何がやりたいんだ？　現実を見ろ！　そのためにいま何をすべきなのか？」と尋ね、結局勉強するしかないという結論に誘導する大人は多い。

　しかしロンドン大学と東京都医学総合研究所の共同研究結果である「思春期の時点で抱いていた価値意識が高齢期の幸福感を予測する」によれば、思春期の時点で「金銭や安定した地位を大切にしたい」のような外発的動機による価値意識が強いと、高齢期になったときの幸福感が低くなる傾向があるとのこと（図12）。

　要するに、「思春期の子どもにせこい損得勘定を刷り込むな」という話だ。大切なのはむしろ、「興味や好奇心を大切にしたい」という内発的動機であると。

報告書は「若者に対して経済的な成功や安定を目指すように強調するよりも、自身の興味や好奇心をはぐくむ教育環境を作っていくことが、活力ある超高齢化社会の実現に向けて重要」「高齢期の人生満足感は、自分をコントロールできるかどうかよりも、何のために自分をコントロールするのかという『動機』によって左右される」と提言する。

さらに「若い頃の様々な欲求や誘惑に負けずに自分をコントロールする力（自己コントロール力）は、成人した後の経済的な成功を左右しますが、幸福感の指標である人生を振り返った時の満足感（人生満足感）とは関係しません」とまで明言する。

ビジネスでの成功と人生の幸せは別物

これは有名な「マシュマロテスト」を意識したコメントのように読める。目先の利益よりも少し未来のより大きな利益を得ることを選べる自制心をもっている子どものほうが将来〝成功〟しやすいという、心理学上のたいへん有名な実験である。

報告書のコメントには、「マシュマロテストの結果を否定するつもりはないけれど、それが通用するのはあくまでも経済的・社会的地位という意味での〝成功〟まで」の含意があるように思われる。

　ほかにもいま巷では、「やり抜く力」が〝成功〟の鍵を握るというような言説が人気だが、それも経済的・社会的な〝勝ち組〟の文脈の域を出ていない。ＯＥＣＤ（経済協力開発機構）も「Ｅｄｕｃａｔｉｏｎ２０３０」というプロジェクトを立ち上げ、「変革を起こす力のあるコンピテンシー」の重要性を強く訴えるが、これも経済的〝発展〟を意図した発想から導かれたものだ。

　そのような、いわば損得勘定を刷り込むことは、中高生の教育にふさわしくないと、さきほどの研究結果は訴えているのだ。

　実際、百年以上の歴史を誇る学校に、そのような功利的な教育理念を掲げるところは皆無《かいむ》に等しい。そのような学校はすでに淘汰《とうた》されてしまったに違いない。

思春期に自分の価値観の土台をつくる

　手前味噌《てまえみそ》が続いて恐縮だが、拙著『正解がない時代の親たちへ　名門校の先生たちからのアドバイス【エッセンシャル版】』（祥伝社）には次のようなくだりがある。いずれもキリスト教主義の学校の校長の言葉だ。

・若いころからあれもできるようになって、これも身につけて、世の中の風に乗って意識高く飛び上がっても、根本《こんぽん》に真の価値観をしっかりと結びつけておかなければ、糸の切れた凧《たこ》のようになってしまいます。自分なりの信念をもって凧を揚げなさいということです。

・「(この学校では) 大学入試のために何をしてくれるんですか?」「(この学校で) 就職に役立つスキルは身につくんですか?」などと言われても、それは目先の目標でしかなくて、「そのあとはどうされるんですか?」という話なんです。

さきほどの研究結果のメッセージと一致する。

大学入試は通過点であって目標ではないと、誰もが言う。しかしその通過点の先に見据えているものが、単に経済的な意味での〝成功〟だとしたら、あまりにせこい話ではないか。私たちは経済を回すために生まれてきたわけではない。大事なのは、何に喜びを感じて生きるのかを自分で決めることである。

ハビトゥスはプライスレス

仏教校では、お釈迦《しゃか》様が残した「法灯明《ほうとうみょう》・自灯明《じとうみょう》」という言葉がよく使われる。法灯明（お釈迦様の教え）を参考にしつつ、お仕着せの価値観ではなく、自灯明（自分自身の価値観）で自分の人生を照らせという意味だ。これもさきほどの研究結果と一致する。

さらに、自灯明と法灯明の関係を、私学の教育理念と生徒の価値観に重ねることもできる。母校の教育理念を参照しながら、卒業生たちは自分自身の生き方を見出していく。それが卒業後も続く私学の教育力なのである。

私学に学ぶとはすなわち、世の中の損得勘定に汚染されていない、そこにしかない特異なハビトゥスを吸収しに行くこと。それが自分らしい幸せな人生を送るための足がかりになる。そのために高い学費を払うのだといっても過言ではない。

そこまでして手に入れたハビトゥスは、卒業後二〇年、三〇年と年を重ねるうちに、ますますプライスレスな輝きを放つようになる。

【第二章のまとめ】

私学とは、異端としての問いを授かるところであり、その独特の問いを抱え続けることで、卒業後も教育力が持続する。

Column❷ 学校選びのポイントって、ちょっとだけでもないですか？

【Tさんの場合】

長女が小六、次女が小三のときに海外から帰国。長女は帰国生枠での受験が可能だったため英語＋国語・算数のみの受験で、現在は慶應ＳＦＣに通っています。長女はそつなく効率良く勉強ができ、スポーツも好きだったので共学難関校を中心に受験しました。一方、次女は帰国生枠ではなく四教科受験で、中規模進学塾に通っているのですが、姉との学力が違いすぎて……。また、性格も違い、次女はインドアでちょっとオタク気質なので、女子校のほうが向いているのではないかと思っています。長女の受験のときには考えていなかった中堅女子校の選び方や、学校説明会でのポイントについてもアドバイスが欲しいです。

T：姉妹でまず性格が違う、成績が違う、受験方法が違う。姉は塾で一〇聞いたら八か九を理解して戻ってくるタイプで、妹は一くらいしか残らない。でも妹は理解に時間がかかるけど覚えたら忘れないタイプで。

おおた：お母さん、すごい。両方のいいところをちゃんと見ていますね。

T：海外にいたときも、長女のほうは英語の中に入れて溺《おぼ》れさせても這《は》い上がってくるタイプだったんですけど、妹のほうは潰れちゃって。最終的に髪の毛を抜いたり不眠になったりして、日本人学校に転校したんです。

おおた：それは大変な経験をされましたね。

T：姉は帰国生枠で受けたんですが、妹は帰国生枠が適用されないので、普通に四教科で受けます。そこにも戸惑っていて。海外在住者の中学受験って、上が終わってから下の子で「どうしよう！」ってなるんですよね。

おおた：なるほど。それは考えたことなかったです。

T：帰国生枠はある種、妬《ねた》まれるような部分もありましたが、次女で普通の四教科入試対策をやってみたら、偏差値五〇とるのがこんなに難しいのかと実感しました。

おおた：**中学受験で偏差値五〇はものすごく難しい**んですよ。

T：基本ぼんやりした子なんですけど、でも一方で、長女は偏差値とかにまったく興味を示さなかったのに、次女は偏差値表をものすごく気にしていて、そういうところも心配というか……。次女は、お姉ちゃんには何してもかなわないと思っていて、「そうじゃない」といくら言ってもだめなんです。その劣等感をどうしたらいいかなと思って……。

おおた：「そうじゃない」と言うよりは、その子らしさをどんどん指摘してあげることですよね。子どもは親が見ているところを伸ばすから。悪いところばかり見ていると悪いところを伸ばしちゃう。これは子育ての大原則。

T：幼稚園のときにテレビドラマの「花子とアン」を見てから東洋英和《とうようえいわ》には憧れがあって。歴史と大河ドラマが大好きなので、沿革の中に渋沢栄一《しぶさわえいいち》とか伊藤博文《いとうひろぶみ》とか出てくる学校があると喜ぶし。その一方、長女との違いも意識する。結構面倒くさいんですよ。

おおた：自分から学校名を挙げているのであれば、いまの時点では「そういうところを見るんだね」とか「そういうのが好きなんだね」って認めてあげればいいんじゃないかな。学校のランク的なものを気にしているのも、娘さんの頭の良さゆえだと思う。

学校って燻製器みたいなもんなんですよね

T：おっとりしたタイプの子には、学校規模が大きくないほうがいいとかありますか？

おおた：あまり関係はないと思いますけどね。

T：いじめとか見えない部分はどう探ればいいですか？

おおた：僕は知る必要はないと思います。生徒に「この学校って、いじめあるの？」って聞いて、「ありますよ」って生徒が答えるのは、そういうことを隠さずにみんなで対策している学校だってことじゃないですか。人間といっしょで、学校にも長所もあれば欠点もあるのが当たり前。そんなの比較のしようがないはず。いいところだけ見て、いいところが子どもにいい影響を与えるかどうかっていうところで判断すればいい。どんないい学校だって悪いところは絶対に出てきますから。そこを探したらきりがないですよ。

T：起きてもないことに過剰に反応しても仕方ないですね。

おおた：**ベストな学校がどこかにあるはずだって幻想**を抱いている保護者は多い。「白馬の王子様」みたいにいつか現れるはずだっていう。でもそんなのないよって。どこの学校も良いところと悪いところがあって、悪いところすら子どもは肥やしにしていくもの。だから、そんなに学校選びに必死にならなくてもいいんです。どこの学校でも大丈夫だって自信をもって、行くことになった学校の中で最大限学べたら、そこから先どんな大学でもやっていけるし、どんな会社でも、どんな世の中になっても大丈夫ですよ。どんな世の中になっても、生きていけるようになってほしいわけでしょ? だったら、うちの子はどんな学校に行っても大丈夫だからって自信をもって送り出せるように育てるのが、親の役割です。親の役割は偏差値を上げることじゃありません。

T：学校に過剰に期待しすぎちゃってますよね。

おおた：そうそう。学校が人格をリフォームしてくれるわけじゃありませんから。要は、**学校って燻製《くんせい》器みたいなもの**なんですよ。サーモンを燻製してもベーコンの燻製にはなりません。いくら燻製したってサーモンはサーモン、ベーコンはベーコン。サクラのチップを使うのか、ヒッコリーのチップを使うのか、ナラのチップを使うのかで風味は違うかもしれないけど、それも最後にお皿に盛り付けるときにどんな味付けをするかで結局全然変わっちゃうんだから。素材にできるだけ合う薫りを選ぶ感覚はわかるけど、少なくとも東京の私学の中から選ぶなら、どこも恵まれた学校ですから、それなりにいい薫りがつくんですよ。

T：お見合いのサイトを見ている気分になるんですよ。外側からしか見えないじゃないですか。もちろん誰と結婚してもいっしょだよっていう話だと思うんですけど、できれば良い相手と結婚させたいと思うのも親心じゃないですか。文化祭なのか、カリキュラムなのか、学校説明会なのか、学校選びのポイントってちょっとだけでもないですか？　それは親として、喉から手が出るほど知りたい。

おおた：にべもない返しで申し訳ないのですけれど、答えは簡単で、「正解は子どもが知っている」ってことです。文化祭でも学校説明会でもいいんですけど、自分が適した環境に行けば、人間は自ずと目がいきいきしてくるんですよ。結婚相手もいっしょですよね。理由はわからないけど「なんか、このひとといるときの自分が好き」みたいな。「文化祭でどこを見ればいいですか？」って聞かれるけど、学校を見る必要はなくて、子どもの目を見ればいいんです。

T：でもうちの娘ってどんどん上書きされていっちゃうんですよ、ぜんぶいいって。

おおた：それは既にどこに行っても大丈夫な子になってるってことですよ。ただし、言葉だけをとらえるんじゃなくて、ちゃんと子どもを見なくちゃいけません。**目が輝いているか、体が躍動しているか、心が安らいでいるか**……。将来ばっかり見ていると目の前の子どもの内面で何が起こっているかに気づけない。小さいころからいかに子どもを見る目を養ってきたかが、そこでものをいうんです。

スキル偏重教育は大人たちの不安の裏返し

T：上の娘はスポーツが好きなんですけど、次女はレゴがすごく好きで、いまはマインクラフトというゲームにはまってます。勉強していないときはマインクラフトをずっとやっていて。そういうタイプの子、ちょっとオタク気質な子は女子校が向いているんですか？

おおた：どちらかというと、女子校向きかもしれないですね。一般に男女別学のほうが同調圧力が低いので、そういう子は別学のほうが向いていると私は思います。

T：一方で、最近なぜ伝統的な女子校の人気が下がっているんですかね？

おおた：それは**数値化できないものを査定する目が衰えている**から。骨董品の何万円というお茶碗を見ても、百均のお茶碗と見分けがつかないひとが増えてる。たしかに機能的には同じですからね。もう一つ、世の中の風潮として、教育の目的がビジネスパーソンとしての成功みたいに思われちゃっている部分も大きいんじゃないかなと。

T：どういう意味ですか？

おおた：大学入試なんて通過点だというのはみんなが同意するはずなんですけど、「じゃあ、その先に何を見ているの？」といったときに、「どう美しく生きるか」を伝える学校と、「これからの時代はこういうスキルが必要だよ」という学校の二つに分かれる気がしています。前者の教育には濃厚な文化が必要なんです。言葉で教えられるものじゃないから。それがない学校はわかりやすいスキル系で勝負するしかないという点では同情するんだけど、スキル系のほうに人気が集まっているのは、いまの世の中に対する大人たちの不安の裏返し。これからビジネスシーンがどうなるかわからない。そのなかで少しでも有利に生きていけるような、スキルなのかコンピテンシーなのかを子どもに授けてくれる学校がいいんじゃないかという短絡的な考えに陥っている。ただし最近は揺れ戻し的に伝統校人気に復活の傾向が見えてきています。大学入試改革が期待外れだったってこともあるんだと思うのですが。

T：実は私も私立中高一貫校出身なんですけど、もう学校の名前くらいしか残ってないんです。校名だけはいっしょだけどすべてが変わっていて、ブレすぎてますよね。心の中ではああいう学校じゃない学校に行かせたいなと。

おおた：軸がブレていたら文化が蓄積していかないはず。一方で学校も変わり続けなきゃいけない。じゃあ、どういう変化が好ましいのか。本当に適切に変化に対応している学校は、先生が個人レベルで随時対応しているんですよ。先生は人間で、実社会に生きて、変化を目の当たりにしているわけだから、先生たちが個別に反応していけば全体としては変わっていくはずなんですよ。「学校としてこうします」ってまとめる必要がない。学校として一気に大きく何かを変えるって、変化の仕方としておかしいんですよ。学校は生き物みたいなものであって、生き物っていうのは自分でも気づかないうちに体の各部がじわりじわりと変化して、あとから見たら変わったよねって形で変化をするものなので。逆に「こうするぞ」って旗を振るような学校組織では、先生たちに裁量がなくて柔軟な変化ができないからいつも時代遅れになっていて、時代を追いかけるように「学校改革します！」って言うことになる。

T：いまの話を聞いて思い出しました！ **先生が自分の視点でお話をしてくれる学校っていい**なって思ってました。じゃあ、学校に行って不意打ちに質問して、「私はこう思う」って先生が自分の言葉で堂々と応えてくれたら先生の裁量の大きい学校で、「えーっと、ちょっと確認します……」だったら、「あれ？」っていうことですね（笑）。

おおた：それ大事かも！

第三章

バットを持つか鉛筆を持つか

〜塾で学ぶ意味

良薬にも毒にもなる

いくら中高一貫校で豊かな思春期が謳歌できると聞かされても、私学では独特のハビトゥスが得られると言われても、約三年間におよぶ過酷な中学受験勉強に耐えなければいけないのであればごめんだと判断するひとは当然いるだろう。

中学受験勉強は決して楽ではない。子どもにとって負荷が大きいだけでなく、親にとっても時間的、金銭的、そして精神的な負荷が大きい（図13、図14）。

やり方を間違えれば子どもが壊れてしまったり、親子関係がおかしくなってしまったりもする。不仲になるよりむしろ感情的な癒着状態になってしまうケースが多い。

しかし約三年間におよぶ中学受験の日々そのものを通して、志望校合格以外にも大きな財産が得られるとしたら、さきほどの判断はどう変わるだろうか。実際には中学受験勉強は、やり方次第で良薬にも毒にもなる。それが本章と次章のテーマである。

ここでノーベル賞経済学者のジェームズ・ヘックマン博士の研究を紹介したい。経済学者だが、教育関係者にもその名前はよく知られている。幼児教育によって「非認知能力」を育むことの大切さを主張した論文が有名だ。

図13　東京都の全日制私立高校および私立中学校の初年度納付金（2021年度）

（円）

	授業料	入学金	施設費	その他	初年度納付金（総額）
私立高校	468,412	253,116	38,603	174,864	**934,995**
私立中学校	482,168	259,706	37,881	190,421	**970,176**

東京都生活文化局サイトより

非認知能力とは何か？

恵まれない子どもたちの幼少期の生育環境を改善し、その後数十年にわたって追跡した二つの調査結果をヘックマン氏は経済学の視点から分析した。両プロジェクトは、まともな幼児教育を受けられない子どもたちの環境を改善したという話であり、何か特別な英才教育をしたわけではない。

幼児教育を受けた子とそうでない子とでは、一時的に知能指数に差ができたものの、その差は成長にともなって消えた。しかし、大人になったときの年収や生活の豊かさには有意な差があることがわかった。

そこから、知能指数のようには測定できない何らかの能力が幼児教育によって身についており、それが長期的な影響を与えているのだろうとヘックマン氏は主張した。その「何らかの能力」こそが非認知能力なのだ。

図14　中学校と高校の子どもの学習費用合計

(円)

	中学校(3年分)+高校(3年分)		
	公立中学+公立高校	公立中学+私立高校	私立中学+私立高校
学習費総額	**2,837,331**	**4,374,924**	**7,129,032**
学校教育費	12,583,44	2,574,036	5,371,467
授業料	76,134	690,078	1,975,800
修学旅行・遠足・見学費	185,388	240,648	409,731
学級・児童会・生徒会費	81,657	75,039	111,387
PTA会費	32,556	45,669	73,950
その他の学校納付金	101,328	568,569	1,317,288
寄附金	813	8,994	60,762
教科書費・教科書以外の図書費	84,861	87,930	138,015
学用品・実験実習材料費	115,152	116,334	140,604
教科外活動費	209,205	256,596	336,060
通学費	162,831	245,439	462,174
制服	124,908	147,894	221,259
通学用品費	63,555	61,794	80,991
その他	19,956	29,052	43,446
学校外活動費	1,450,152	1,672,053	1,746,372
補助学習費	1,174,392	1,312,602	1,242,873
家庭内学習費	89,994	121,302	167,217
家庭教師費等	100,839	122,391	153,582
学習塾費	929,547	996,834	848,034
その他	54,012	72,075	74,040
その他の学校外活動費	275,760	359,451	503,499

※学習費総額は給食費を含む

文部科学省「子供の学習費調査」(2018年度)より、1年間の支出額をそれぞれ3倍して算出ヘックマン氏は著書『幼児教育の経済学』（東洋経済新報社）で「意欲や、長期的計画を実行する能力、他人との協働に必要な社会的・感情的制御といった、非認知能力」との表現を使用している。これが一般に、ヘックマン氏が意図するところの「非認知能力」の概念であると解釈されている場合が多い。文部科学省が掲げる「生きる力」を「認知能力＋非認知能力」の総合力だと解釈すれば、さらにイメージが伝わるだろうか。

彼の主張が火付け役になり、いま日本では「非認知能力」という言葉がブームになっている。しかしくり返すが、何か特別な幼児教育が必要なわけではない。日本の幼稚園の教育要領や保育所の保育指針どおりの幼児教育が行われていれば十分なので、さらに幼児英才教育をさせる必要など感じないでほしい。

中学受験で非認知能力が伸びる!?

さて、中学受験の本で、幼児教育の大切さを訴えようとしてヘックマン氏を引いたわけではない。彼が行う別の研究に、中学受験とも関連しそうなものがあるのだ。

二〇一四年一一月一七日の日経ビジネス電子版に掲載された記事で、彼は「子供に課題を与えて、毎日来させて、計画・実行させ、最後に仲間と一緒に復習をさせる実験をしました。

1日2、3時間、小学生に対して2年間毎日実施しました。追跡調査の結果、この経験がその後の人生において大きなスキル向上につながっていたことが分かりました」と述べている。

この実験の立て付け、何かに似ていないだろうか。中学受験勉強だ。もちろん取り組む課題の内容や負荷の大きさは違うだろうが、それは問題ではない。幼児教育だけでなく、小学生に対する継続的な働きかけでも非認知能力が伸ばせることを示唆した発言である。

テストの点には表れない勉強の成果

私が中学受験勉強そのものに感じる効果もここにある。

中学受験勉強で覚えた知識は、時間が経つと忘れてしまう。大人になって久しぶりに母校の入試問題を解こうと思ってもなかなか解けるものではない。だとしたら、あの中学受験勉強は無駄だったのか。入学への切符を得るためだけにした苦役だったのか。否。

中学受験勉強の経験を通して得られる非認知能力こそが、中学受験勉強そのものから得られる果実だと私は思う。その果実は、偏差値の高低には関係ない。だから、子どもが模試で芳しくない成績をとってきたとしても、「あんなに勉強したのにこれだけの偏差値しかとれないのか……」などと思うべきではない。

決して楽ではない中学受験の日々のなかで、親は、偏差値では表せない果実にこそ目を向けてほしい。そうすれば、中学受験の日々が無駄だったなんてことには決してならない。これが私が提唱する「中学受験必笑法」の要諦でもある。

バットを握るか鉛筆を握るか

元メジャーリーガーのイチロー選手が、友達と遊ぶのも我慢して年間三六〇日も練習していることを綴った小学生のころの作文は有名だ。「さすが一流になるひとは違う」と多くのひとが絶賛した。

しかし年間三六〇日、おそらくイチロー少年と同じくらいの気合いで勉強している中学受験生には、「小学生なのにかわいそう」という言葉がかけられることが多い。

バットと鉛筆。握っているものが違うだけなのに、なぜこうも反応が違うのか。毎日何時間もスポーツや芸術に打ち込む少年少女は、仮に華々しい成果はあげられなくても美談の主人公になれるのに、中学受験生の努力が彼らと同列に語られることは少ない。

テレビドラマ化もされた中学受験漫画の『二月の勝者——絶対合格の教室——』（高瀬《たかせ》志帆《しほ》、小学館）に、主人公の塾講師が、思い悩む生徒に向かって次のように言う場面がある。

「なんで『勉強ができる』って特技は、『リレー選手になれた』とか『合唱コンクールでピアノを弾いた』とかと同じ感じで褒めてもらえないんだろうね？」

自分が歯を食いしばって努力している姿を、世間がどこかしらけた目で見る。何も知らない大人たちから注がれる一方的な哀れみの視線を、中学受験生だって感じている。

教育の受益者は被教育者のみではない

スポーツや芸術は損得勘定のない世界だが、勉強は〝勝ち組〟になるための手段であるという思い込みが、その視線の根元《ねもと》にはある。日本で教育への公的資金の投資比率が低いのも、この思い込みのせいと考えられる。

教育の受益者は、教育を受けた本人だけでなく、その人物を含む社会全体のはずである。教育によって得た力が社会に還元されれば、社会全体が豊かになるからだ。つまり教育とは公共財である。

しかし日本では伝統的に、その認識が薄い。明治維新の新政府が、教育を立身出世のための手段と位置づけ、教育費の受益者負担を原則にしたからだ。この時点ですでに、勉強が功利的手段に貶《おとし》められ、損得勘定と結びつけられた。

全国津々浦々でまったく同質の教育を行うことを前提に学校制度が整備された。よって、成績の差は努力の差とみなされるようになった。日本人が試験における公平性に強いこだわりをもつ理由も、おそらくこのあたりの歴史的文脈と関係がある。

学歴は新社会の通行手形だった

明治末期から大正時代になると、都市部への人口流動が大規模に起きた。「サラリーマン」という言葉が生まれるのもこのころで、より良い職を得るために、教育が大衆化した。学歴は、出自をリセットして新しい社会を渡り歩くための通行手形になった。

どんな出自であっても勉強さえすれば、大臣、博士、社長になれる。夢のある話だが、皮肉なことに、国民的教育競争が始まった。日本で最初の進学塾は大正元年（一九一二年）に浅草にできた旧制中学受験塾だった。

「子どもの権利条約」批准《ひじゅん》以降、教育制度そのものが過度に競争的であるとして、日本政府は国連子どもの権利委員会から四度も勧告を受けている。競争を煽《あお》る主犯格として進学塾をはじめとする教育産業がつるし上げられることが多いが、実際には彼らは社会のニーズに応えているだけである。

メリトクラシーにご用心

本当の主犯は、あたかも平等に見える教育機会を前提として、テストの点数によってひとを序列化することを公正な行為として受け入れた社会そのものだ。教育社会学者の苅谷剛彦氏はこれを「能力主義と平等主義との奇妙な結合」「メリトクラシーの大衆化」と表現する。

「メリトクラシー」という言葉は、日本語では「能力主義」と訳されることが多いが、実際には「功績主義」のニュアンスに近い。ハーバード大学教授のマイケル・サンデル氏の近著『実力も運のうち　能力主義は正義か？』(早川書房)が取り扱うテーマでもある。

その「解説」で社会学者の本田由紀《ほんだゆき》氏は「メリトクラシー」を「ＩＱと努力により獲得される『メリット(merit)――標準的な英和辞書では「(称賛に値する)価値、長所、取りえ、美点、手柄、勲功、功績、功労」といった日本語訳が記されている――』に基づいて、人々の職業や収入などの社会的経済的地位が決まるしくみをもつ社会のこと」としている。

中学受験では否応なしにメリトクラシーに晒《さら》される。親も子も、メリトクラシーに取り憑《つ》かれてしまうことがある。これは中学受験のかなり大きな負の部分だと私は思う。それを避ける意味で、中学受験の親には、マイケル・サンデル氏の近著の一読をぜひお奨めしたい。

人材の促成栽培と学歴信仰

第二次世界戦後の高度成長期には、「人材開発」「教育投資論」「マンパワーポリシー」などという気味の悪い言葉が使われるようになった。子どもたちを「人材」として促成栽培しようとする思惑が、産業界や国にはあった。

知的労働者としてより良い地位を得るために、学歴信仰も強まった。その結果、一九七〇年代には、高校進学率が跳ね上がる。

このときに、高校受験を主戦場として、雨後の竹の子のように全国に塾が出現するのだが、東京都はすで一歩先を行っていた。

一九六七年に東京都で都立高校入試に学校群制度が導入されたことが中学受験ブームの発端だったことは第一章で述べたとおり。一九六八年には早くも日比谷高校が東大合格者数全国首位の座から陥落する。

お株を奪ったのは関西の灘だった。その後数年は、灘と教育大附属駒場（現在の筑駒）が首位を競った。一九七四年、開成は高校から一〇〇人の募集枠を設け、一学年四〇〇人体制になった。そのまさに三年後の一九七七年、初めて首位に躍りでる。

いまより過酷な「乱塾時代」

ある書籍から引用する。いつ書かれたのかを想像しながら読んでみてほしい。

> どうみても異常なほどの学習塾ブームだが、この狂態が子供たちの将来にどのような影響をもたらすのか、予測はむずかしい。しかし、子供たちを学習塾へ通わせることへの、いくつかの疑問点は指摘できる。
>
> 心身ともに未発達な小学生たちに、学校プラス塾という長時間の勉強を押しつけてよいか。運動をしたり、友達と遊んだり、家族とスキンシップする時間が極端に少なくならないか。塾での〝点取り競争〟に熱中していると、将来、他人を顧みない利己主義人間になるのでは……。

二〇二一年に書かれたものだと言われても誰も疑わないだろうが、実は一九七七年に書かれた『乱塾時代』（毎日新聞社会部著、サイマル出版会）からの引用である。このころ中学受験塾に通っていた子どもたちはいま、五〇代半ばになっているはずだ。記者の懸念が当たっているかどうかはそれぞれに判断してほしい。

書籍を読むと、二〇二一年のいまよりも過激な中学受験が横行していたことがわかる。いま現在の中学受験熱が異常なのではない。

日能研の東京進出とサピックスの誕生

開成は一九八二年以降、一度も他校に東大合格者数首位を明け渡していない。このころから全国的にも私学人気が高まる。

当時東京都では四谷大塚《よつやおおつか》の「日曜テスト」が中学受験のスタンダードになっており、その対策をする中小準拠塾が群雄割拠《ぐんゆうかっきょ》していた。開成には桐杏《とうきょう》学園という少数精鋭塾が強かった。ＴＡＰという中小塾も、難関校に特化して実績を伸ばしていた。

一九八五年には麻布が、それまで二月一日と二日の二日間にわたって行っていた入試を、二月一日のみで完結するようにした。これによって、神奈川県の中学受験者の目が、東京都の私学にも向きやすくなった。それと同時期に東京に進出したのが、神奈川県発祥の中学受験専門塾・日能研《にちのうけん》だった。

私立中高一貫校人気の高まりに好景気が重なり、中学受験が大衆化した。しかも四谷大塚と日能研による情報公開合戦によって、中学受験への間口が広がった。

各学校の入試難易度を示す「偏差値一覧」が公表されるようになったのもこのころから。それまで塾業界は、「学校の評価と受け取られかねない」として、偏差値一覧をあくまでも内部資料としていたのだ。

一九八九年にはＴＡＰの上位クラスの講師たちが独立してサピックスを立ち上げる。ちょうどバブル景気にも重なり、瞬く間に最難関私立中学受験塾の筆頭の座に躍りでた。大衆化路線に舵《かじ》を切った四谷大塚と日能研の間隙《かんげき》を縫った形だ。サピックスについては拙著『ルポ塾歴社会』（幻冬舎新書）が詳しい。

以降、約三〇年間、首都圏の中学受験業界の構造は基本的に変わっていない。

中学入試はむしろ緩和している

昨今、いわゆる「教育虐待」が注目されたこともあり、「中学受験者数は年々増加しており、競争が激化している」とメディアは煽るが、これは偏向報道である。

たしかにここ数年、中学受験者数は増加傾向にある。そして二〇二一年、コロナ禍での首都圏の中学受験者数は五万人を超えた。しかしこれはようやく二〇〇七年の水準に戻っただけだし、さらにいえば、一九九〇年代初頭にはすでに首都圏の中学受験者数は五万人を超えていた。

中学受験者数は、景気動向と密接にリンクしている。バブル景気崩壊、山一證券や北海道拓殖銀行の破綻、リーマン・ショックなどに象徴される経済状況の悪化を受け、そのたびに中学受験者数が落ち込んでは回復するのをくり返しているだけだ（**図15**）。

しかも一九八〇年代半ばには首都圏の私立中高一貫校は約二〇〇校だったが、現在では約三〇〇校に増えている。中学入試の競争率は総じて言えばむしろ緩和しているのである。

実際、二〇一九年までの全体合格率は一〇〇パーセントを超えており、全入時代だった（**図16**）。えり好みしなければどこかには入れた。二〇二〇年および二〇二一年には一〇〇パーセントを割り込んだが、女子に限ればまだ全入だ。

一部で中学受験が過激化していることは私も否定しないし、実際に中学受験を背景にした教育虐待も起きている。しかし悪いのはやり方であって、中学受験そのものではない。

「予習シリーズ」の醍醐味

一九八〇年代まで、四谷大塚の「予習シリーズ」というテキストが、中学受験勉強の絶対

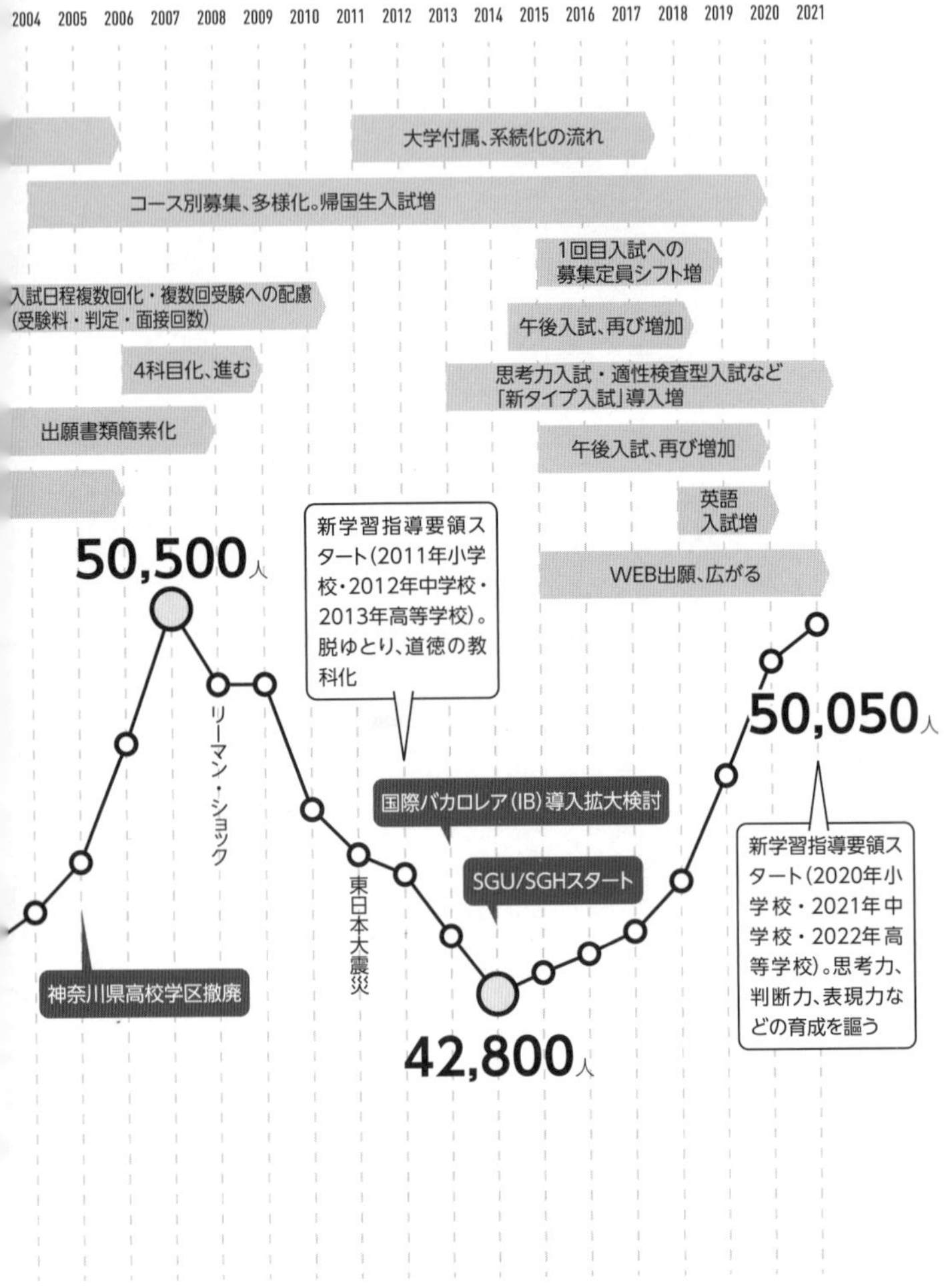

2004 2005 2006 2007 2008 2009 2010 2011 2012 2013 2014 2015 2016 2017 2018 2019 2020 2021
大学付属、系統化の流れ
コース別募集、多様化。帰国生入試増
1回目入試への
募集定員シフト増
入試日程複数回化・複数回受験への配慮
(受験料・判定・面接回数)
午後入試、再び増加
4科目化、進む
思考力入試・適性検査型入試など
「新タイプ入試」導入増
出願書類簡素化
午後入試、再び増加
英語
入試増
WEB出願、広がる
50,500人
新学習指導要領スタート(2011年小学校・2012年中学校・2013年高等学校)。脱ゆとり、道徳の教科化
リーマン・ショック
50,050人
国際バカロレア(IB)導入拡大検討
SGU/SGHスタート
新学習指導要領スタート(2020年小学校・2021年中学校・2022年高等学校)。思考力、判断力、表現力などの育成を謳う
神奈川県高校学区撤廃
東日本大震災
42,800人

図15　首都圏の中学受験の歴史

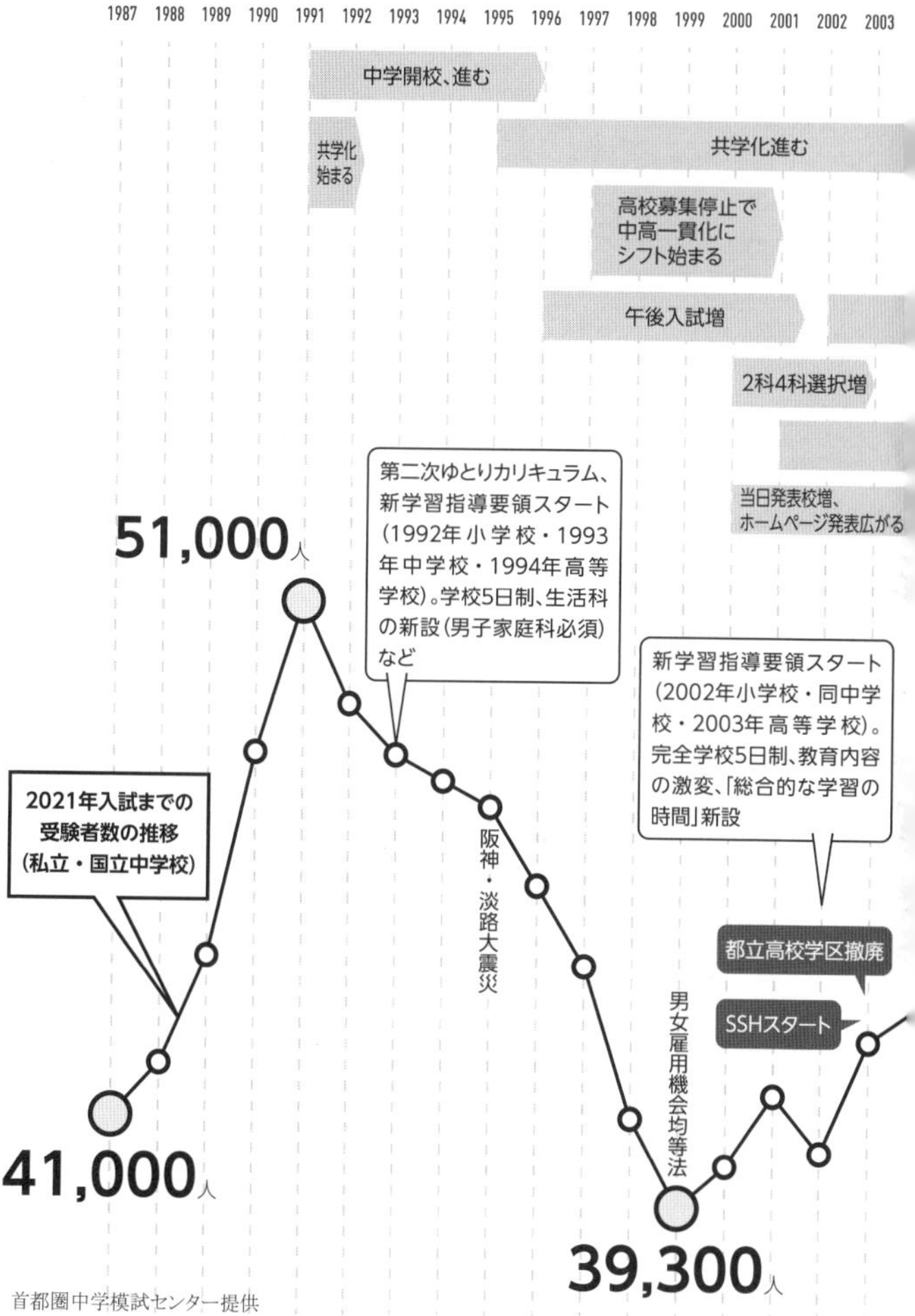

首都圏中学模試センター提供

図16　首都圏の中学受験合格率

受験者総数（推定）

	2021	2020	2019	2018	2017
男子	25,991	25,653	24,502	23,287	22,847
女子	24,059	23,747	22,698	21,713	21,303
合計	50,050	49,400	47,200	45,000	44,150

総定員

	2021	2020	2019	2018	2017
男子	22,301	22,141	21,986	21,676	21,820
女子	25,508	25,301	25,256	26,495	26,670
合計	47,809	47,442	47,242	48,171	48,490

合格率

	2021	2020	2019	2018	2017
男子	85.8%	86.3%	89.7%	93.1%	95.5%
女子	106.0%	106.5%	111.3%	122.0%	125.2%
合計	**95.5%**	**96.0%**	**100.1%**	**107.0%**	**109.8%**

※一部共学校の男女別数がわからないため、数字はすべて推定

首都圏模試センター提供

的な王道だった。「日曜テスト」が行われる「日曜教室」に向けての予習を各自行うコンセプトだ。

実際には四谷大塚の準拠塾で「予習シリーズ」を使ってテスト対策を行うのだが、準拠塾の授業の前に、テキストの内容を十分に読み込み、事前に練習問題を解いておくことが求められていた。

自力でテキストの解説を読み解いて練習問題に挑まなければいけないのだから、相当な読解力と自律性が求められる。この学習スタイルに適応できるかどうかという時点で、いわゆる〝地頭がいい〟といわれる子どもをフィルタリングする効果が働いていたと考えられる。

さらに、自力で理解しようとしてうんうんうんうなっている時間が長いぶん演習問題の数をこなす時間は減るが、そのうんうんうなっている時間こそ、子どもが自らの思考を自由にフル回転させている時間であって、実は子どもの思考はそういうときにこそ成長する。その成長が必ずしも点数に直結するわけではないのだが。

いわゆる〝地頭のいい子〟をフィルタリングしたうえで、その子たちの思考を自由にフル回転させる。それが予習中心の学習スタイルの構造だといえる。

復習主義全盛時代へ

しかしサピックスは中学受験勉強のスタイルを変えた。毎回の授業の場でプリント形式の教材を配布し、その場で問題を解かせる。講師がいろいろな生徒の解法を拾いながら、討論形式で授業を進める。

そして大量の課題が渡される。授業でやったことを思い出しながら、反復練習をくり返す。やりきれない分量の課題を渡されて、やればやったぶんだけ知識が定着するしくみだ。これがめきめきと成果を上げた。いわゆる復習主義の中学受験勉強だ。

四谷大塚の職員も「復習主義のほうが学習効率がいいことは四谷大塚でも認識されていま

す」と認める。それでも「四谷大塚では予習にこだわります。誰かに言われて動くのではなく、自分で解決法を模索できる未来のリーダーを育てたいからです」と言う。教育思想の違いである。

実際は、いまや復習主義の中学受験勉強が主流である。四谷大塚の「予習シリーズ」を使用している塾でも、たとえば早稲田アカデミーのように、実質的に復習主義の学習サイクルになっている場合が多い。

関西の中学受験はさらに過酷

関西大手の浜《はま》学園も復習主義だ。サピックスよりもその前身であるＴＡＰよりも、その歴史は古い。そして、浜学園を筆頭とする関西の中学受験塾のスピードと勉強量は、関東の塾の比ではない。

それに対抗するため、日能研関西の学力上位層は、一般的な日能研のカリキュラムに並行して、「灘特進コース（通称、灘特）」なるカリキュラムもこなす。ピンポイントな志望校対策講座とは違う。やや大げさに表現すれば、本科のカリキュラムをウォーミングアップにして、灘特にこそ本腰を入れるスタイルだ。それほどに、関東と関西ではレベルが違う。

特に算数に関しては、関西の中学受験塾の最難関コースのスピードと量に比べれば関東の王者サピックスさえもかわいいもの。灘の超難解な算数の入試問題に対応できる受験生を育てるために進化してきたからだ。

その代わり、灘や甲陽《こうよう》といった関西の最難関校の受験科目には社会がない。社会を希望者のみの選択科目にしている学校も多い。社会はどうしても知識を問う問題が中心になってしまうからだといわれている。

拙著『中学受験塾の選び方』（ダイヤモンド社）には関東の大手七塾と関西の大手九塾の指導方針と一週間の学習サイクルがまとめられているので、参考にしてほしい。

中学受験勉強が教育虐待を招く構造

〝地頭〟で劣っていたって、スピードと量で凌《りょう》駕《が》すればいい成績がとれるのが復習主義の魅力だ。フェアではあるが、常に自分の限界との戦いであり、成績に対するいっさいの言い訳ができないという意味で、むしろ過酷なルールだといえる。

自分が一〇〇やってもライバルが一〇一やっていたら負けてしまう。そう考えるから、一〇二やらなければいけなくなる。きりがない。「ここまでやればいいだろう」と、自分で決めることができなくなる。こうして中学受験勉強は大食い競争の様相を呈する。

子どもが自分の判断で限界を決められるならよいのだが、ここに「中学受験生の成績は、親の腕次第」という思想が加わると歯止めがきかなくなる。子どもの限界を超えてまで、あの手この手でさらに勉強させようとする。子どもの受忍限度を超えてまで無理矢理勉強させることを昨今「教育虐待」と呼ぶ。

まるで子どもが壊れるギリギリに挑戦するチキンレースだ。親同士が競うようにして子どもにチキンレースをさせているように見えるこの状況こそが、昨今指摘される中学受験の異常な過熱ぶりなのである。

しかも、サピックスが難関校での実績を伸ばせば、四谷大塚もテキストを改訂し、高度化する。そうやって塾同士、しのぎを削る。Aという塾が一〇〇の内容のカリキュラムをつくれば、Bという塾がそれを上回る一〇一の内容でカリキュラムをつくる。するとCは一〇二。だからAは一〇三……。と、まるで競《せ》りのように、受験生の負荷は際限なく増える。

現状、大量の課題をこなす処理速度と忍耐力、そして与えられた課題に疑問を抱かない力をもつことが、中学受験の〝勝ち組〟への条件となっている。

それは私の中学受験観からはかけ離れる。

親の受験では断じてない

わが子がせっかくこんなに努力をしているのだから、なんとかいい結果を出させてあげたい。親なら誰もが抱くその気持ちは痛いほどにわかる。

しかし、子どもが本当に望んでいるのは、親の力でいい成績をとることではない。まず何より、親が自分を信じてくれること。そして結果がどうであれ、自分なりの努力を認めてくれること。さらに、もし自分が傷ついたり、悲しかったり、悔しかったりしたときは、その気持ちにそっと寄り添ってくれること。それだけだ。

「次こそいい成績をとらせてやろう」と親が奮起する必要はない。中学受験は、親の親としての能力を競うものではない。これが理解できないのなら、子どもに中学受験させるのはやめておいたほうがいい。

中学受験に限ったことではない。子どもの努力が報われないのを見るのは、親として耐えがたい。しかしそこで余計な手を出してしまうのは、「あなたには自分でこの状況を改善する力がない」と、態度で伝えることにほかならない。あるいは「いまのままのあなたではだめ」という刃物のようなメッセージを無言のうちに差し出すことだといってもいい。本来子育てで目指すべき方向とは正反対の行為であるから自重されたい。

受験テクニック本はダイエット本と同じ

書籍や雑誌やインターネットで受験テクニックを漁り、〝正しい〟方法を手に入れると、その〝正しさ〟に子どもを当てはめたくなってしまうのがひとの性。うまくいかないと、子どもが〝正しくない〟からだと思ってしまう。すると子どもは簡単に壊れる。

だから塾の講師たちも「親御さんは勉強を教えないでください」「必要な課題は塾で出しますから、相談もなく新たな問題集を買ったりはしないでください」「厳しいことは私たちから伝えますから、家ではリラックスさせてあげてください」と口を酸っぱくして親に言う。ましてや中学受験という特殊分野において、素人の親の手出しが功を奏することは実はそれほど多くない。

たまたまうまくいった方法が受験雑誌やネットの情報として共有されるので、あたかも誰もがうまくいくかのように錯覚するかもしれないが、実際にはうまくいかないケースのほうが多い。ダイエット本と同じで、だから次から次へと新しいものが出てくる。

その手の情報を仕入れて試して成果が表れなかったとしても、どうか、子どもを責めたり自分を責めたりしないでほしい。

親がべったりつきっきりにならず、そのぶん偏差値が多少低くなってしまってもそれを良しとして本人の頑張りで入れる中高一貫校に入り、そこで豊かな思春期をすごすのが、私のおすすめだ。それが本書の前提となっている中学受験観だ。

中学受験は「課金ゲーム」なのか？

それでも子どもの成績を上げてやりたい親は、プロの手を借りることを発想する。サピックスや四谷大塚に通うのに加えて、個別指導塾に通ったり、家庭教師をつけたりするのだ。中学受験が「課金ゲーム」に例えられるゆえんである。たしかに親が余計な口や手を出すよりは、お金だけ出すほうがよほどいい。

でも、ただでさえ速く正確に正解にたどり着くことを求められる中学受験勉強において、自分なりの勉強方法を見つける試行錯誤すら許されず、勉強の仕方まで手取り足取り指図されるのだとしたら、中学受験勉強という営みのなかのどこに、子どもたちは自分を感じることができるのだろうか。

速く正確に正解にたどり着くことがルールであることは、スポーツにルールがあるのと同じで仕方がない。しかしゴールを目指す方法すら「自分では考えるな」と言われたら、そんな勉強の何が楽しいのか。

「君が自分の力でやれるところまでやってとった成績なら、どんな成績だって誇らしい。それ以上に背伸びしなければ受からない学校なら、受からなくていい。魅力的な学校はたくさんあるから、自分なりの努力で入れる学校に堂々と通えれば、十分に立派なことだ。思い通りの成績がとれなくて悔しいこともあるかもしれないけれど、そんなときは自分なりに試行錯誤しながらやってごらん。その経験自体が君の人生にとっては大きな財産になるから。そのほうが、目先の偏差値よりも、大切だから」と言われたら、子どもはどれほど励まされ自信をもつことができるだろうか。

勉強方法の試行錯誤こそ財産

その機会を奪ってまで目先の成績を上げることに、どれだけの意味があるのか、よく考えたほうがいい。

試行錯誤をくり返して、自分なりの学習スタイルを確立できたとしたら、その経験はその子にとって一生の財産になる。それこそが中学受験勉強の醍醐味であり意義だと私は思う。

短いスパンでテストがくり返されるのもそのためだ。何度も試行錯誤ができるようになっている。特に四～五年生のうちは試行錯誤のための時期だ。

「今日はサボりたいなぁ」という誘惑に打ち勝つ方法を自分なりに開発して、毎日コツコツと小さな努力を重ねることも大切だ。「小さいことを重ねることが、とんでもないところに行くただ一つの道だと感じている」とはイチロー選手の言葉だが、中学受験を経験した子どもたちはそのことを知っている。

そして何より、約三年間の中学受験勉強を最後までやり抜き、いまや六～七校受験が当たり前の入試本番も最後までやり抜いたとしたら、一二歳の時点で身につけるべきやり抜く力としてはおつりがくるほどだ。

このような経験を通して、ヘックマン氏がいうところの非認知能力が身につくわけである。

目先の偏差値のために失うもの

誰かから効率的なやり方を教えてもらうのではなく、それを自分で考えたぶん回り道をすることになり、まわりのライバルたちに偏差値的な差をつけられてしまったとしても、それが何だというのか。

いくら望みの学校に合格できたとしても、他人から言われたとおりのことをこなせるだけのロボットみたいな人間になってしまったり、自分で試行錯誤する前に「どうするのが正解ですか？」と尋ねるひとになってしまったりするのなら、その中学受験こそ、私に言わせれば失敗だ。

しかし実際のところ、難関中高一貫校の教員たちは、「この二〇年くらい、自分で判断できない子が増えています。中高のうちになんとか手当てしたいと思うのですが、なかなかうまくいかないケースもあります」と口をそろえる。

中学受験勉強の過程で一度そうなってしまっても、中高で良い教員や友人に恵まれることで、手垢が落ちる可能性は十分にある。しかしそもそも親が子どもにそんなリスクを負わせるべきではないと私は思う。

親こそ正解主義に囚われている

なぜ中学受験生の親は、つい短絡的な受験テクニックに飛びついてしまうのか。私の見立てでは、親こそ正解主義に囚われているからだ。

経済大国であることを誇る社会の中で、「人材開発」「教育投資論」「マンパワーポリシー」

のような発想に結びつけられた教育を受けてきて、最短距離で目的地にたどり着くことが絶対善だと教え込まれてきた。回り道や道草は、無駄であり悪である。それに疑いをもたない〝素直な戦士たち〟が、実際に社会の中で優遇されてきた。

しかし回り道や道草にこそ、人生の味わいが凝縮されることを、ある程度人生経験を重ねてきたひとなら知っているはずだ。特に小学生以上の子をもつ親であれば、日々の何気ない瞬間にこそ幸せが訪れることを、子育てを通して幾度となく経験してきたはずだ。

中学受験の目的を、何が何でも第一志望に合格することだととらえてしまうと、そのための最短距離を進みたくなる。でもそれだと、ちょっとつまずいたり回り道に迷い込んだりしただけでも焦ってしまう。遅れを取り戻そうとして無理をして、さらに道を間違えたり、調子を崩してしまったりの悪循環に陥る。

一方、中学受験の目的を、ご縁のあった中高一貫校に入り豊かな思春期をすごすことだと設定し、しかもそこに至る道のりで起こるであろう数々のハプニングすら親子の成長の肥やしにするのだと思えれば、余計な焦りは消える。

中学受験は現代社会の大冒険だ

アメリカの神話学者ジョゼフ・キャンベルは名著『千の顔をもつ英雄』で東西の多様な神話を列挙し、英雄の出現に、分離→通過儀礼→帰還のパターンが踏襲《とうしゅう》されていることを明らかにした。それが人間を覚醒《かくせい》させる普遍の法則であることが示唆される。

現代社会における同様の構造を、私は中学受験に見出す。小学校に通っているだけでは知り得なかった世界があることを知り、数々の試練を経験し乗り越え、その過程で得たものを世の中に還元する。

中学受験勉強の約三年間を、小説『指輪物語』（映画『ロード・オブ・ザ・リング』の原作）や小説『はてしない物語』（映画『ネバーエンディング・ストーリー』の原作）のような、大冒険の物語だととらえるといい。

テレビゲームの中でバーチャルな冒険をするのとはわけが違う。よほどやり方を間違えない限り命を奪われる危険こそないけれど、現代社会においては数少ない、リアルにスリリングな冒険である。だから中学受験は、小説や漫画の題材にもなりやすい。

トラブルを成長の糧にする

子どもにとっては文字通り果てしなく感じられる壮大な行程を、目的が本当に達成できるのかもわからない不安の中で、それでも一歩一歩着実に進まなければならない苦難の旅だ。どこに落とし穴があるかもわからない。怪物が現れ、回り道を余儀なくされるかもしれない。そのたびに感情が揺さぶられる。本当の恐怖も感じる。中学受験をしていると、誰もがそういう状況を必ず経験する。必ず、だ。

でも、最初からそういうものだととらえて中学受験を始めれば、スランプが来たって、宿題の答えを写していることが発覚したって、志望校選びで親子の意見がわかれたって、「この状況、どうやって乗り越えたら自分たちらしい物語の一ページになるか」と考えられる。

不測の事態や不本意な状況に際したとき、それをどう意味づけし、どうやって成長の糧にすべきかを示すのが親の腕の見せどころだ。それはそのまま人生を生き抜くための指針にもなる。

すべては笑利の瞬間のために

自分たちが取り組む中学受験という大冒険の本質を知るためには、受験テクニック本を読むよりも、漫画の『二月の勝者』や、小説の『素直な戦士たち』（城山三郎《しろやまさぶろう》、新潮文庫）、『金の角を持つ子どもたち』（藤岡陽子《ふじおかようこ》、集英社文庫）、『天現寺ウォーズ』（佐野倫子《さのみちこ》、イカロス出版）、『翼の翼』（朝比奈《あさひな》あすか、光文社）などを読んだほうがいい。私もかつて『もし中学受験で心が折れそうになったら』（KADOKAWA）という物語仕立ての本を書いたことがある。

『翼の翼』の終盤には、「偏差値表の学校名や数字が、初めてどこかに溶けてゆく気がした」という象徴的なくだりがある。『ロード・オブ・ザ・リング』で人々を惑わし世界を狂わせたあの指輪が「滅びの山」の火口で溶けていくシーンとまったく同じだと私はとらえた。「中学受験必笑法」的に言えば、あの瞬間、笑利が確定するのだ。その瞬間がいつやってくるのかが、これらの物語を読むと疑似体験できる。そこへ向かって中学受験の日々をすごすことができるようになる。

生まれて初めての本気の大冒険を、子どもは何年経っても忘れない。そのとき感じた恐怖、悲しみ、悔しさ、喜び、そしていつもそばにいてくれた母親や父親の存在感の大きさを、映画の回想シーンのように思い出すことができる。

無味乾燥な知識の詰め込みではない

中学受験勉強を無味乾燥な知識の詰め込みにすぎないとくさすひともいる。ならば中学入試問題を実際に解いてみてほしい。

たしかに小学校の教科書の隅から隅までを理解するような膨大な知識は必要だし、それだけで解ける問題も中にはあるが、合否を分ける難問の類いは知識だけで解けるものでは到底ない。

たとえば算数の文章題には、「和差算《わささん》」や「旅人算」や「つるかめ算」などのいわゆる特殊算を何重にも使用して解く問題がある。まるで何重にも鍵が掛けられた宝箱を開けるような職人技が要求される。

その際、特殊算を使いこなす技能が必要なだけでなく、問題文を読解し、そのなかに特殊算の要素が幾重にも隠されていることを発見し、それにどのような順番で対処すればすべての鍵が開けられるのかの見通しを立てながら取り組まなければならない。高度な課題発見・解決能力と論理的思考力が求められている。

一見複雑な図形や数列の中に法則性を見出すことで正解に一気に近づけるようになっている問題もある。試されるのは、未知の状況に接して狼狽することなく、もてる知識を総動員して道理を見極める能力にほかならない。

条件に合う数字を地道に書き出すことでようやく答えにたどり着ける問題もある。出題者は根気のある子に来てほしいのだ。

算数オリンピックの問題とそっくりなものも多い。いや、算数オリンピックが中学入試の良問を参考にしているのかもしれない。

大学入試改革も就活も朝飯前!?

そのような良問のサンプルをいくつかここで紹介できればいいのだが、中学受験問題は、そもそも書籍にペロリと貼り付けられるような単純な構成にはなっていない。

国語はもちろん、算数や理科や社会でも長い課題文やたくさんの資料があって、小問の（1）や（2）は着眼点を絞るための誘導的問題になっていて、（3）や（4）が本丸だ。本丸が合否を決める。一つの大問をすべて掲載し、しかも解説まで載せようとすると、それだけで軽く新書の一〇ページ分を超えてしまう。

インターネットでも各校の過去問を見ることはできるが、拙著『名門中学の入試問題を解けるのはこんな子ども』（日経ＢＰ社）には出題者に直接聞いた出題意図までが書かれているので、気になるひとは参照してみてほしい。

その中から、ここではラ・サールの国語の解答用紙だけを転載する（図17）。国語の解答欄としては平均的なものだが、それでも記述式の問題が多いことがわかるだろう。

先の大学入試改革では、たった三〇字、四〇字、一二〇字程度の記述式問題を出すか出さないかで大騒ぎになったが、その程度のものは中学受験生には朝飯前だ。

また、実は中学受験算数のいわゆる「一行問題」と呼ばれる基礎的な問題は、就職活動で受検することが多いＳＰＩという適性検査の「非言語分野」の問題にそっくりであることを知っているだろうか（図18）。「一行問題」すら、ビジネスにも通用する実用的な算数だということだ。それも、算数が得意な中学受験生ならば難なく解ける。

小学生と中学生の学び方の違い

中学校で方程式を習えば容易に解ける問題をなぜわざわざ「つるかめ算」みたいな面倒くさい方法で解かせるのかというひとも多いが、これはたいへん良い質問だ。

第一章で既出のジャン・ピアジェによる思考の発達段階を思い出してほしい。彼は、七～一一歳を具体的操作期、一一歳以降を形式的操作期と分類した。ちょうどそれぞれ小学生の

図17　中学入試の解答用紙例

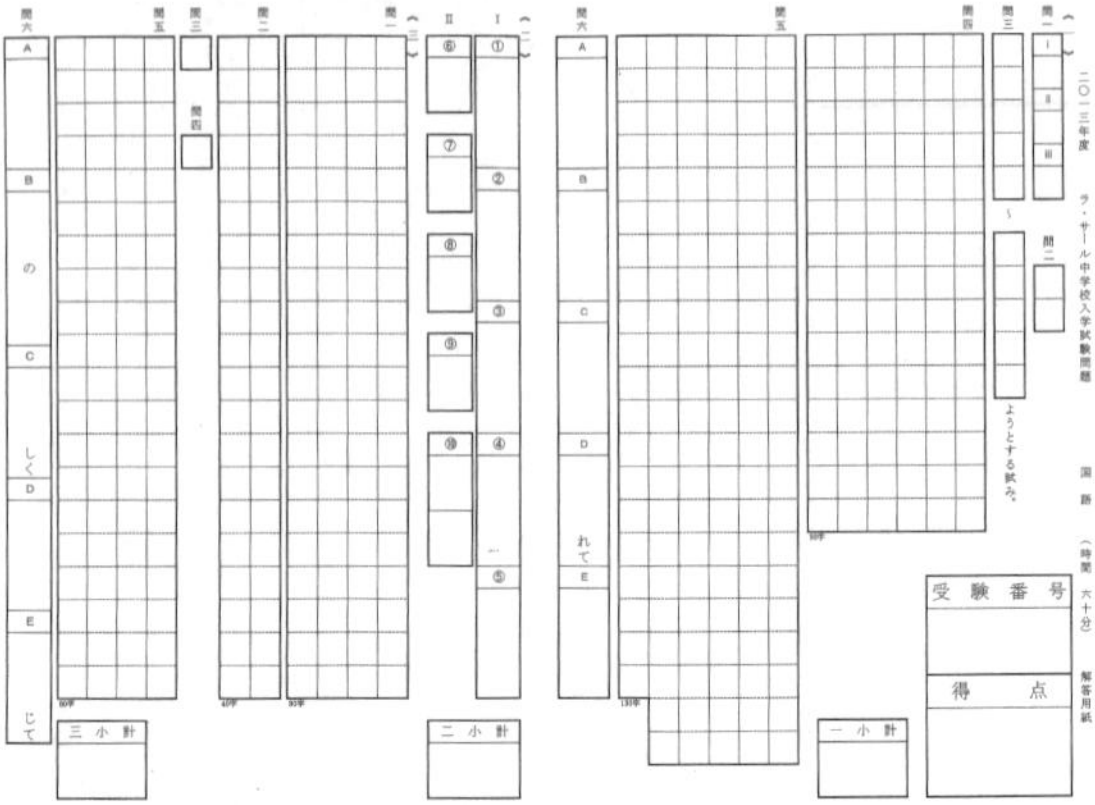

ラ・サール2013年度国語の解答用紙を拙者
『名門中学の入試問題を解けるのはこんな子ども』(日経BP社)より転載

図18　SPI非言語分野のサンプル問題

定価980円の商品Pを35%引きで売ると、商品1個につき50円の利益が得られる。商品Pの仕入れ値はいくらか（必要なときは、最後に小数点以下第1位を四捨五入すること）。

A	293円	F	605円
B	326円	G	637円
C	343円	H	670円
D	361円	I	687円
E	587円	J	AからIのいずれでもない

リクルートマネジメントソリューションズ提供

時期、中学生以降の時期に相当する。

小学生段階でも論理的思考はできるものの、取り扱える対象は具体的に認識できるものに限られる。だから算数では「りんごが五つ、みかんが三つ、合わせていくつ?」のように具体物としてイメージできる思考をさせるし、酸素と水素が結びついて水ができる化学変化も、「試験管の中に酸素と水素を入れて火をつけるとポン!という音を立てて燃え、試験管の内側には水滴がつく」というように現象として理解させる。

形式的操作期になると、目には見えない概念上での論理的思考が可能になる。だから、数学では文字式を扱うし、理科では化学式を扱う。そうなると、実体をともなわずとも概念上の演算だけで難問が処理できるようになる。

具体的操作期の学びが下敷きとなって、形式的操作期の学びに実感が通う。

あえて面倒くさい思考上の創意工夫

それを前提に、さて、つるかめ算である。

『ドラクエ』のようなロールプレイングゲームに例えるとわかりやすい。一撃必殺の「魔法の剣」があればボスキャラだって簡単に倒せるが、普通の剣と盾しかない状況でボスキャラを倒すには創意工夫が必要だ。方程式は「魔法の剣」。つるかめ算は普通の剣と盾を駆使して戦う手間のかかる戦法である。

要するに、つるかめ算とは、方程式という高級で便利な道具を持っていない小学生が難問に対して、自分の持っているあり合わせの原始的な道具を組み合わせてなんとか対処するための訓練なのだ。便利な道具を手にする前に、あえて面倒くさい思考上の創意工夫を経験することに意味がある。

同じ問題を解いても、方程式で解くのと和差算やつるかめ算で解くのとでは頭の使い方がまるで違う。

方程式を知っていれば作業として答えが出せる問題も、和差算であれば、線分図を描くことで与えられた条件を可視化し、視覚的に問題解決のヒントを見出し、理屈で理解しながら答えをたぐり寄せなければならない（図19）。つるかめ算で面積図を用いる頭の使い方は、揺れ動く要素をいちど面積に置換するという意味で、方程式よりもむしろ微分・積分に近い。

このような問題は一般に「特殊算」と呼ばれるが、特殊でも何でもない。条件を整理したり視点を変えたりしながら取り組む、極めて創造的な論理的思考力の問題だ。逆に言えば、これらの特殊算をただ公式に当てはめて解いていたら、論理的思考力は育たない。

図19　和差算と方程式

AさんとBさんは合わせて10個のボールを持っています。AさんはBさんよりも4個多く持っています。Aさん、Bさん、それぞれが持っているボールの数を答えなさい。

【和差算】

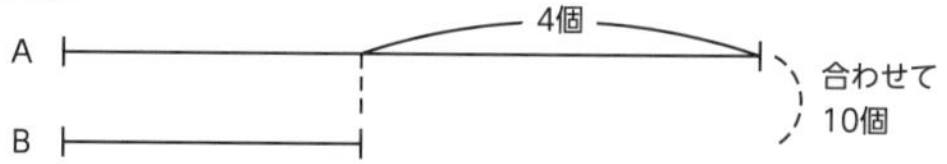

線分図上でAとBが同じ長さになっている部分は合計で6個だとわかるので、それを2で割った3個が、Bの持っているボールの個数だとわかる。

【方程式】

$x+y=10$ …… ①
$x-y=4$ …… ②

②を移項して①に代入すれば、xとyが自動で求まる。

筆者作成

中学受験で養う知恵と度胸

これに象徴されるように、中学受験勉強とは、小学生段階の知識と技能をもってして、どこまで高度な思考が可能かに挑戦する勉強なのだ。鍛えられるのは、速く正確に正解を求める能力ではなく、手持ちのものでなんとかする知恵と度胸だ。

いつも用意周到《しゅうとう》で人生を歩むことはできない。想定外は突然襲ってくる。そんなときには、手持ちのものでなんとかする知恵と度胸こそがものをいう。高校受験や大学受験につるかめ算は不要だが、だからといって子どもの成長を考えたときに、つるかめ算的思考が不要とは言い難い。

いやむしろ、人生はつるかめ算の連続だと、私には感じられる。

【第三章のまとめ】
中学受験の日々は、知らなかった世界があることを知り、数々の試練を経験し乗り越え、ひととして成長するための大冒険。

Column③ 塾に通わない受験、気をつけるべき点はどこですか？

【Aさんの場合】

自分が私立武蔵《むさし》中高で一〇代をすごして楽しかったので、選択肢の一つとして中学受験を長男に提示したところ興味を示し、サッカーと両立したいというので、参考書なり通信教育なりでいっしょにやり方を模索し、いまに至ります。随分前のこととはいえ私自身、中学受験を知ったのが五年生の夏休み明けで、そこから頑張ったので、三年生や四年生からサピックスに行くような、いま住んでいる近所の空気感には到底馴染《なじ》めず、親の判断でスルーしました。ちょうど五年生になったときが緊急事態宣言だったこともあり、「中学受験ってさ」という話から始めて、そのための勉強をぼちぼち始めました。秋になり模試を受けたりもしました。自宅学習での受験や、いまをとりまく受験の状況についての漠然とした不安について相談に乗っていただけたらうれしいです。

A：向いていそうならやらせてみようかなくらいの気持ちで中学受験勉強をやらせてみたら、やる気もあるし面白がっているからこのままやってみようと思って始めました。ただ、サッカーを週四～五日でかなりマジでやっているので、それは大切にしてあげたいなと思い、さらにコロナもあったので、「塾ナシ」を選択しました。昨年の秋くらいから模試を受けるなどして外の空気にも触れさせてみたのですが、そのときに私自身が、「これ、ぜんぶ自分のせいになるな」と、初めて自分の責任の重大さに気づきました。そこから自分のメンタルもケアしなくちゃと思うようになって……。ブログとかを見ていると、塾ナシでやっているというご家庭もめちゃくちゃいるじゃないですか。でもあれって、**ああでもしないと精神のバランスをとれない**ってことなんだと理解しました。塾ナシでやる場合の問題点とか気をつけたほうがいい点などを教えてほしいなと思っています。

おおた：わかりました。お答えする前に、私の興味でお聞きしたいことがあるんですが、いいですか？　教材は何を使っているんですか？

A：最初は書店で教材をみつくろってやっていたんですが、ペースメーカーが必要だなと思って、Z会の中学受験コースをやることにしました。でも国語の教材はあまり好きじゃないというので、現状は三教科だけがZ会です。ほかに月一回くらいのペースで中学受験塾のリモート講座を受けています。模試は、サピックス、四谷大塚、日能研を受けてみたり。

おおた：なるほど。通信教育のサポートをお父さんがやっているという形ですね。それはいい選択かもしれないですね。せっかくサッカーを夢中でやっているというのなら、それを邪魔したくはないですし、そういう塾ナシならありだと思います。一方で、塾ナシ中学受験には当然ながらリスクもあります。親子のどちらにも**逃げ場がない**ですから。

A：逃げ場がないですね。

おおた：お父さん自身がいま感じているように逃げ場がないですし、息子さんだって、ずっと親の監視下で中学受験勉強していると、塾に通うのとは違うストレスを感じます。通常なら塾で叱られても家でお父さんやお母さんに甘えたりしてバランスがとれる部分があるけれど、親が先生となると、逃げ場がない。塾の先生と生徒という客観的な関係だからなんとかなっている部分はあるわけで、それを親子の距離感でやるのは実は非常に難しいことです。親と子の両方とも相当メンタルが強くないとできないですよ。塾に通うのは大変だから、負担を減らすという意味で「塾ナシ」を選択するという話もときどき聞きますが、そっちのほうがよほどしんどい中学受験になります。

A：六年生になって、それがだんだんわかってきました。いままでリモートでやっていた講座の教室に、来月から通えることになりました。何度か模試を受けて受講できることになったんです。月に一回か二回くらいですが、僕としてはアウトソーシングできるということなので、ちょっとほっとしたんですよ。

おおた：塾に通わせていたって、成績が落ちると「自分のサポートが足りないせいじゃないか」と思って自分を責めてしまう親御さんが多いのに、それをぜんぶ自分で抱え込もうと思ったらそのストレスや不安はいくばくか……私には想像を絶しちゃうんですけど。

塾って、メンタルケアという機能が重要なんですよ

A：近所の塾で、時計を分解するっていう講座に参加したときに、ついでに試験を受けさせられて、この問題集をこのペースで進めますという説明も受けました。それを聞いて**「こんなにやったらバカになっちゃうでしょ!?」**と感じました。それで塾に頼るのは嫌だなあと思っちゃって。でも別で見つけた塾のリモートの授業を見て、教え方が上手だし難しい問題をじっくりやる感じで、なるほどねと。国語は私より妻のほうが教えるのがうまそうだから、妻に頼もうかと思ったのですが、いまおおたさんの話を聞いていると、夫婦のどちらかは

ノータッチくらいの距離感にいたほうがいいのかなという気もしてきました。

おおた：それはあるかもしれない。お父さんとお母さんの両方が先生になっちゃうのは子どもにとってはつらいかもしれないですね。

A：サッカーのときは一回も自分で教えようなんて思わなくて、ほかのお父さんが自分の子どもに教えているのを見て、あれはキツいだろと思っていたのですが、中学受験については自分も面白いと思えたこともあって参加しちゃって。

おおた：親子の間に緊張が走ったりすることもあるんですか。

A：そんなに叱ったりはしていないと思うんですが、核心を突いたようなことを言ってしまうと軽く炎上することはありますね。ワーッと泣いちゃうとか。

おおた：塾の先生から言われてもそんなに傷つかないけど、お父さんから言われるとグサッとくることもありますからね。

A：もうちょっと、アウトソーシングしようかなと思いました。

おおた：塾の先生の存在意義って、ただ勉強を教えてくれるだけじゃないんですよね。**親子のメンタルケアという機能が絶大**なんですよ。子どものモチベーションという点では、まわりに友達がいるからこそ、その空気に良くも悪くも流されてなんとかやれちゃうという面もある。マラソンといっしょで、みんなで走るからなんとか完走できるけど、一人で走れって言われたらつらいよね、みたいな。だから、親子が孤独にならず、いざというときにメンタル面でのサポートが受けられるような体制は準備しておいたほうがいいように思います。たとえば週一回だけプロの家庭教師をお願いして、いつでも相談に乗ってもらえるようにしておくとか。

A：考えてみます。コーチというかキャディさんみたいな存在ですよね。いまのところ私のほうのメンタルが心配なんですが、子どもにも必要なのかな？

おおた：息子さんは塾の様子を知らないからこんなもんだと思っているかもしれないけれど、もしかしたらしんどいと思っているかもしれないですよ（笑）。

A：親の立場からは平気そうに見えても、客観的に見たらわからないですもんね。

おおた：まあ、お父さんは状況を俯瞰《ふかん》できているし、楽しんでいらっしゃるので、もう六年生まで来ているのであれば、この勢いで乗り切っちゃっていいと思います。ただ、ここからが正念場の連続になって、そういうときにお互いの未熟さが出ちゃうと思うんですよね。そうなる手前で何か手当てしてもらえるような避難場所を、いまのうちに用意しておけるといいかも。

A：サッカーは避難場所の一つになっているように思います。そこを切っちゃうほうが怖くて。でも、途中でやめるお子さんが多いんですよね？

おおた：サッカーがお子さんにとっての支えになっていて、生活のペースにもなっているならば、ギリギリまで続けていいと思いますよ。そういう形で中学受験をやり切るケースが増えるのはいいことだと思います。**習い事と中学受験の両方が惰性**になっちゃって、どちらも中途半端になるくらいなら、どこかで清算したほうがいいとは思いますが、そうじゃないならぜひチャレンジしてほしいと思います。

高校入試の問題と中学入試の問題を比べればいい

A：二つめの質問をしていいですか？　すべり止めまで受けてどこかに入《い》れるというのは定《じょう》石《せき》としては聞くんですが、おおたさんはどう思います？　私としては、行きたいところが四つあれば四つ受ければいいし、一つしかないなら一つでいいじゃんって思うんですけど。

おおた：定石というのはないと思うので、それぞれのご家庭で判断すればいいと思います。判断のポイントは、子どもの気持ちです。少なくない時間をかけて取り組んだ中学受験勉強の結果を、どこまで子どもが受け入れられるかですよね。「二年間お父さんと頑張ったけど、行きたい学校には受からなかったから、公立に行くわ」って本当に思えるならすべり止めを受ける必要はないと思いますが、私の感覚としては、それって結構難しいことですよ。息子さんのキャラクターがわからないのでなんとも言えませんが、一般論的にいえば、**子どもは親が思う以上に親のことを思ってくれている**ので、親がこれだけの時間を犠牲にして自分のために頑張ってくれたのに自分がどこにも合格できなかったとなったら、結構しんどいんじゃないかと思います。

A：それに続いて聞くと、いまは高校受験のほうが大変だからという話も聞くんです。それって本当ですか？

おおた：内申点のこととか、実技科目も含めてバランス良くできる子が有利とか、子どものタイプによっては高校受験で苦労するという話も聞きます。そもそも一四歳とか一五歳とかいう反抗期の真っ最中に有無を言わさず受験勉強させられるのは無理があるなと私は思っていますけど。あとは、いま話していて思うんですけど、お父さんは勉強の本質的な面白さを知っている方ですよね。それをお子さんに伝えたいと思っているじゃないですか。その点は武蔵で中高をすごしたということがすごく大きいと思うんですが。だとしたら、一度高校入試の問題を見てみたらどうですか。中学入試の問題とどっちが楽しいか、比べてみるといいと思いますよ。

A：それはすごく面白い視点ですね！

おおた：きっとお父さんなら、中学受験勉強のほうが面白いと思うと思いますけど。

A：**中学受験の問題って、久しぶりに見たら本当に面白くて。**高校受験がそうじゃないとしたら、それはないなぁ。

おおた：お父さんはすごく深いところで考えていらっしゃるから、話していて私もすごく楽しかったです。

A：本当に参考になりました。時期的にはちょうど一年を切って、家族で最終方針的なことを話し合いたいと思っていたところで大枠の視点がシャキッとしたので、すごく良かったです。メンタルに気をつけて頑張ります（笑）。

第四章

偏差値よりも生きる指針

～親子で取り組む意味

入試本番前日に問題を盗み見たいか？

もし第一志望校の入試本番前日に、「明日の入試問題を極秘入手したから見せる」と言われたら、親としてどうするだろうか。事前に問題を知っていれば、合格は間違いない。

悪魔の誘惑だ。

「そんなチャンスがあるのなら、見るに決まってるじゃないか！」と思うのなら、中学受験はやめたほうがいい。そういうひとは、子どもの気持ち、子どもの成長、子どもの将来、子どもの人生が見えていない。見ようともしていない。偶像としての「合格したわが子」を欲しているだけだ。

考えてみてほしい。十分に合格できる実力があるのに不正に手を染めてしまったら、子どもは、自分の合格が自分の実力なのか不正行為の結果なのか判別できなくなる。

つまり、ここで問題を見せることは、約三年間の大冒険で得た力を発揮するせっかくの機会を子どもから奪うことに等しい。それどころか、「あのときの合格は自分の実力だったのだろうか……」と、心に一生の傷が残る。

悪魔の誘惑がもたらす教訓

合格する実力がないのに不正行為で合格してしまったとしたら入学後に苦しむのは子ども本人だという理屈も可能だが、実際には、合格の可能性がゼロではないから、志望校として選んだはずだ。それなのに、大冒険の最後のシーンでの親からのメッセージが、「もうこうなったらズルでもいい」だとしたら、その瞬間、約三年間の努力は貶められる。

悪魔の誘惑に打ち勝ったために合格が得られなかったとしても、自分の力を信じ、その結果を胸を張って受け入れれば、その先に必ず新しい道が拓くと知ることはできる。そのほうが、ズルで得た第一志望合格よりも、人生においてはよほど大きな価値をもつに違いない。

畢竟《ひっきょう》、ズルがだめなのは、不公平だからという理由だけではなく、それ以上に、長い目で見れば自分の人生を台無しにするからなのだ。

と、実際にはあり得ない悪魔の誘惑を仮定することで、このような教訓が得られた。そこまで究極の選択でなくても、中学受験の最中に問われるさまざまな選択は、人生の教訓を得る絶好の機会になる。

勉強は塾の先生が教えてくれる。親の役割は人生を教えることだ。

親の未熟さがあぶり出される

新渡戸稲造《にとべいなぞう》の『武士道』に、「義を見てせざるは勇なきなり」という有名な一節がある。正しいことがわかっているのにそれができないのは、勇気がないからだという意味だ。

「入試本番前日に問題を盗み見るか？」ほど悪魔的ではないにせよ、不安や恐怖が強い中学受験勉強の日々は、親子にとって誘惑の連続でもある。

子どもは常に、遊びたい気持ちと戦っている。宿題がなかなか終わらなければ、じっくり考える前に答えを見てしまいたくなる。小テストで、ちゃんと覚えたはずの言葉が出てこないときには、つい隣の席の子の答案を見たくなる誘惑に駆られる。親を安心させたいがために、過去問演習でこっそり答えを見てしまったりもする。

たかだか一二歳の人間。未熟さゆえの過ちはある。

親だって、試練の連続だ。

自分で立てた計画を守らない子どもを見て、怒鳴ってしまう。比べてはいけないとわかっていても、よその子と比べてしまう。模試の結果が悪かったときには「ほら、勉強しないから」などと嫌みのひとつも言いたくなる。自分の小言に反抗的な態度をとられると、「だったら中学受験なんてやめなさい！」などと、本心ではないことを言ってしまう。

わが子のお友達を見る目を、塾のクラスのレベルで変えてしまう。偏差値一覧は学校の価値を表すものではないと頭ではわかっていても、つい偏差値で学校を評価してしまう。学校だけでなく、そこに通っている生徒たちの価値まで決めつけてしまう。みんなから「すごい！」と言われる学校に、何としてでも押し込みたいと思ってしまう。自分の親としての力量を証明したいという欲求も、ときどき顔を覗かせる。

中学受験は、親の未熟さもあぶり出す。

親子で正しさを語り合う

だからしんどい。

プロの塾講師や私立中高一貫校の教員ですら「これまで何年も中学受験に関わってきたが、実際に親として関わる中学受験で見えた風景は自分の知らない世界だった」ともらすのを、何度も聞いた。

でもだからこそ、中学受験は親子でともに、「義」を学び、「勇」を実践するチャンスにもなる。難しい状況でこそ、何が正しいかを親子で語り合い、勇気をもってそれを選択する機会にすればいいのだ。

何が正しいかは、何を目的にするかによって変わる。目先のテストでいい点をとることを目的にするのか、第一志望校に合格することを目的にするのか、子どもが自信をもって自分の人生を生きることを目的にするのか……。要するに、なぜ中学受験するのか？を問い直すことになる。

たとえば、クラス分けテストの対策として、睡眠時間を削らないと終わらない量の宿題が出たとする。しかし小学生が勉強のために睡眠時間を削るなど本末転倒と考えるのなら、「そこまでしなければ上がれないクラスならば上がらなくていい」と方針を決められる。

合格実績を稼ぐため、合格しても通うつもりがない学校まで受けさせる塾があるとも聞く。その学校に本気で行きたい受験生がいるのに、それをひやかすようなことはできないと思うのなら、きっぱりと断ることができる。

逆に、早々に第一志望合格を決めた子どもが、せっかく願書も出したので、約三年間の中学受験勉強の成果を試すつもりで残りの併願校も予定通り受験しようとしたところ、塾の先生に「本気でそこに入りたいと思っている受験生たちがいるんですから、譲ってあげてください」と諭されたと聞いたことがある。正しさに触れ、親子は納得した。

もう三〇年以上前の話であるが、彼はそのことをいまでも覚えている。諭してくれたのは、サピックスの源流であるＴＡＰの職員だった。

大切なのは「答え」よりも「問い」

空手と中学受験の両立に悩む母親の相談を受けたことがある。短いやりとりのなかで、母親自身が視野を広げていった様子を再現しよう。

「ずっと空手をやっていて、全国レベルで結果も出してきました。息子が空手は続けたいっていうので、毎日はやれないけど週何回かで続けることにしました。でも、十分な練習ができないから最近勝てなくなってきて、そのプレッシャーから一時期チックが出てしまったこともあり、今後が心配です」

悲痛な面持ちの母親の発言を受けて、私は次のように答えた。

「練習量が減ったぶん、空手ではいままで通りの結果が出なくなってしまうかもしれないけど、これって人生においてはどこかでくることじゃないですか。いままでは、ひとよりも良い成果を出すことで、プライドとか、抽象的な意味での報酬を得ていたと思うけど、じゃあ、立場を翻《ひるがえ》して、息子さんに負けた選手がたくさんいるわけですよね。彼らは空手をやってた意味がなかったのか、プライドがなかったのかっていったら、そんなことはないはず。特に空手という武道だから言いやすいけど、勝ち負けって本質じゃないですよね」

母親の表情がパッと晴れる。

「ああ、そういうふうに考えればいいんですね。すごくラクになります。海外に出たときに黒帯をもってたらカッコいいくらいの気持ちで始めただけなのに、結果が出ていたものだから、いつのまにか『勝たなきゃだめ』って息子を追いつめていた自分にいま気づきました」

「『負けたらなくなるプライドって何なの？　本当の人間の強さって何なんだろう？』っていう深い話になるんだけど。受験においても同じです。視野が狭くなりそうなときは意識して広げて、勝ち負けなんかに関係なく、人生は豊かにできるんだっていうことを確認しないと。それをくり返していけば、お母さんなら大丈夫だと思います」

「空手にしても受験にしても、チャレンジさせるのがいいのか、もういいよって言ってあげるのがいいのか、先が見えないのが不安で。『答え』が欲しかったんですけど、たしかに子どもってそれぞれだし、子どもを見るしかないんだなって」

「子育てって『答え』じゃなくて『問い』を持ち続けなきゃいけないの。それって不安だけど、親の宿命だと思う。息子さんともコミュニケーションとれているし、立派に育っていると思います」

「いままで見えなかった視点を教えてもらえたので、すごく良かったなって。良い報告ができるように頑張ります」

「何でも良い報告ですから。元気でさえいれば」

昔ほど勝てなくなったとしても、それでも中学受験と並行して空手を続ける意味を親子で話し合えたら、そのこと自体が、この親子だけのかけがえのない宝物になるはずだ。

損得勘定を超えた価値

目先の損得勘定を超えたところの価値をつかむ。その経験が、子どもの人生を支える指針になる。親から子へと価値観が継承される。

私立中高一貫校で、多感な時期の葛藤を乗り越える際に、学校のハビトゥスが子どもに染み込むのと同じように、中学受験の日々の葛藤を乗り越える際に、家庭のハビトゥスが子どもに染み込むのだ。

ズルをしたくなる気持ち、自分さえよければライバルを蹴落としたっていいと思ってしまう気持ち、たまたまうまくいっていないひとを見下してしまう気持ち、まわりから「すごい」と言われたい承認欲求の底なし沼……。

そういうときに、テストの点数や塾のクラス分けなどのわかりやすい目先の成果よりも、ひととして正しい道を選ぶ勇気を示すのが、中学受験の親の役割だ。

不安や葛藤から教訓を抽出する

中学受験を通して、親から子へどんなメッセージを伝えられるのか。それをまとめたのが拙著『中学受験生に伝えたい勉強より大切な１００の言葉　二月の勝者×おおたとしまさ』（小学館）である。漫画『二月の勝者』の作者の高瀬さんと私の中学受験観が非常に近いからこそ実現したコラボ企画である。一〇〇のうちのいくつかを引用する。

・受験で勝つことばかり考えていると、せこい点取り虫になってしまうことがある。そのまま大人になってしまうと悲惨だよ。
・どんな長い道のりも一歩一歩自分のペースで進めば必ず踏破できる。
・ただ1番になりたいだけのひとは、他人を蹴落とそうとする。自分を高めたいひとは、他人の努力を尊敬できる。あなたには後者になってほしい。
・誘惑に負けそうになったときは、誘惑に負けたあと後悔している自分を想像してごらん。そんな自分になりたくないという気持ちが湧いてくるから。

・テストの成績がいいというのはカッコいいけれど、もっとカッコいいのは努力を続けられること。それは人生最強の武器になる。

・「すべりどめ」とか「おためし受験」とか便宜上いうけれど、その学校を本気で受けるひともいるということは絶対忘れちゃダメだよ。

・一度決めたことを貫くのも大事、途中で方針転換できることも大事。でもいちばん大事なのは、どちらにしても自分で決めること。

・恵まれた環境に生まれたのなら、その恵まれた環境を最大限に生かして将来世の中の役に立つことが、恵まれたひとの使命だと思う。

書籍では、それぞれのフレーズに解説と『二月の勝者』のコマも添えられており、どんな状況でこれらのことを伝えるべきかわかるようになっている。

拙著に描かれている場面に限らず、中学受験の日々のなかで、親子はさまざまな不安や葛藤を経験するだろう。その経験からひととして学び取るべき教訓は何なのかを見極めることに、親は注力してほしい。

東大・京大・早慶以外は問題外!?

親が子に生きる指針を示すとはいっても、親の判断に従わせることではない。状況の捉え方、視点の置き方、判断基準の定め方の原理原則を説くだけだ。親の価値観を参照しながら子どもが独自の価値観を築き上げる。そこを間違えると、中学受験は悲劇の序章にもなる。

子どもの人生は子ども自身に選ばせるべきであることは、現代の親であればほぼみんな頭では理解している。しかし幼い子ども自身が最初から世界を知っているわけではない。多くの場合、親という窓を通して世界を覗き、その中から良さそうなものを選んでいく。その窓自体に最初から強いフィルターがかかっていることがある。

知人から、こんな話を聞いた。都心の高級住宅地の坂道を、親子が楽しそうに手をつなぎ、歌いながら歩いていた。子どもは七歳くらいの女の子で、私立小学校とおぼしき制服を着ている。母親はおとなしめのネイビーのスカートスーツを着ている。微笑ましい風景だ。

しかし歌詞が聞こえてきて戦慄《せんりつ》を覚えた。「とーだい、きょーだい、わせだにけいおう！○○、△△はもんだいがーい！」。○○と△△には有名私立大学の名前が入る。まるでテレビドラマのワンシーンのようだが、実話である。

ソフトな洗脳

この状況で、その女の子が「わたし、東大に行く！」と言ったところで、それは本当に彼女の選択なのだろうか。しめたとばかりに母親は、「だったら、中学受験で□□中学か、◎◎中学には入らないとね！」などと言うのだろう。「あなたが選んだことだから、お母さん、全力で応援するから！」とも。

親自身が子どもに「ああしろ」「こうしろ」と指示はしない。あくまでも子ども自身に選ばせる。しかし子どもの選択は無意識の中であらかじめ狭められている。

まるでソフトな洗脳だ。

いつの間にか、子どもの前にはレールが敷かれている。いちどレールに乗ればしめたもの。子どもがそこを逸《そ》れようものなら「いまさら何を言っているの!?　あなたがやるっていったんじゃない！　最後までやり通しなさい」と叱る〝正統な理由〟を親は得る。

第一志望校合格者の不安

そうして挑んだ中学受験で、幸運にも思い通りの結果が出なかったりすれば、強い親子間葛藤の末に、親も非理性的信念を捨てざるを得なくなる。そこで親は成長し、子はソフトな洗脳から解放される。

しかし不幸にも思い通りの結果が出てしまうと、ソフトな洗脳は続く。不幸な子どもは、親が自分自身を誇ってくれているのか、受験の結果得られた学校のブランドを誇っているのか判断がつかない。□□中学校・高等学校という大きな看板を外した自分にどんな価値があるのかわからない。不安ゆえ、ますますその看板にすがろうとする。親子して□□中学校・高等学校であることを誇示する。

わが子の学校を誇る親

三〇代のある男性は苦い思い出を語ってくれた。「A中学に合格したとき、父親は鼻高々でした。学校の行事やPTA活動にも積極的に参加してくれました。A中学に通っている息子が自慢だったのです。でも私は東大に合格できませんでした。浪人しても早慶にも入れませんでした。すると父親は口をきいてくれなくなりました」。

なまじ息子が〝できた〟がために、その結果得られた学校ブランドばかりを見て、ありのままのわが子を認める親としての本当の強さを涵養できていなかったのである。それで、受け入れがたい状態にある息子をなきものとして無視してしまったのだ。

大学受験で満足な結果が得られなかった卒業生の中には、一二歳のときの「□□中学合格」の看板を武器に中学受験塾でのアルバイトに精を出す者も多いと、ある中高一貫校の校長は言う。「中学受験塾ではそれだけで神様のように扱われますから、一時的に自尊心が満たされるのでしょう」。

そのようなひとが人生に行き詰まったときにとる行動には共通点があるとも校長は指摘する。医学部を受け直すとか、司法試験を受けるとか、〝受験〟によって人生をリセットする思考になりやすいというのだ。

受験エリートの落とし穴

〝いい学校〟を目指すのは人生の選択肢を増やすためだと言うひともいるが、私はあまり賛同できない。

〝いい学校〟に行けば、たしかに就ける職業の種類が増えたり、就活の書類選考で有利になったりはするかもしれない。しかしそのために努力を重ねて〝いい学校〟に入ったとすると、それによって増えた選択肢の差分からしか人生を選べなくなることがある。無限にあったはずの人生の選択肢をむしろ狭めてしまう。自縄自縛だ。メリトクラシーの罠でもある。

私はこれを「受験エリートの落とし穴」と呼ぶ。中学受験だけでなく、地方の高校受験や大学受験でも見られる。選択肢が少ないぶん、地方のほうがシビアな面もある。

この理屈で中学受験を始めると、望みの学校に合格できたとしても、「せっかく□□中学校・高等学校に来たのだから、できれば東大・京大、最低でも早慶くらいには進学しなければ」という呪縛に囚われる。まさに坂道の親子の歌詞どおりの思考に捕捉されていく。自分の選択未満の選択肢を選んだひとたちのことを、無意識で自分未満だと見下す視点をもってしまう危険すらある。そんな貧しい人生観を身につけてしまったら、たとえ経済的にどんなに成功したとしても、豊かな人生など送れるはずがない。

親が頑張る中学受験の弊害

たとえばわが子が自分の学校名を鼻にかけるようなことがあれば、「だからなんだ。そんなものは世界に出たら何の役にも立たない」と言ってやるのが本来の親の役割だろう。それでこそ子どもは、看板に頼らない素の自分を見つめ、自分の生き方を模索する。

それなのに昨今は、わが子といっしょになって学校名を誇示する親が多いと聞く。子どもの学校ブランドが親にとっても勲章なのだ。

先の校長は「最近は過剰なまでに学校のことを好きになってくれる親子が増えている。ありがたい半面、不安でもある」ともらす。過酷だった中学受験の成果として得られたものを誇大評価することで、自尊心を埋め合わせしようとしているのではないかというのだ。

プライドは高いが自己肯定感は低い

彼らは、自分たちが掲げる看板の価値を誇示することに余念がない。だから無邪気にほかの学校を見下す。プライドは山のように高いが、実は自己肯定感が著しく低い人間のできあがり。子どもの中学受験に親がのめり込みすぎることの負の成果である。

苦境にあるひとたちに向かって安易な自己責任論を投げつけたり、他人にすぐマウンティングしたりする〝エリート〟はおそらくそうやって育つ。

テレビに出るような有名人の中にはもちろん、身近にも思い当たるひとが何人かいるのではないだろうか。みんなから「すごい！」と言われていても、まわりからは成功者だと思われていても、おそらく本人たちは言葉にできない不安や生きづらさを常に抱えている。そのような人生が本当に幸せだろうか。

拙著『中学受験「必笑法」』（中公新書ラクレ）には、「仮に第一志望校に合格しなくても、最後に笑っていられるとしたら、それはどんな中学受験の日々を送ったときだろう？」をテーマにして、子どもの中学受験に親がめり込みすぎないための処方箋《しょほうせん》を具体的に書いた。中学受験の親として不安が大きくなったときに読んでもらえればうれしい。

遅れてやってくる回り道

親が誇っているのが自分自身ではなく自分が通っている学校であることに気づくことができた幸運な子どもには、二つの選択肢ができる。従順に親の期待に応え続けるか、ありのままの自分を認めてもらうために、親の期待を打ち砕くかである。

親の期待を打ち砕くことにした子どもは、勉強をやめ、成績をとことんまで落とし、「自分はあなたの思い通りにはならない」と無言で示す。それでもごちゃごちゃ言われると、学校に行かなくなる。さらにそれでも親がコントロールの手をゆるめないと、学校をやめる選択をすることもある。

「学校をやめる」と言っても自分の親が認めてくれないことは重々承知だから、大きなトラブルを起こして学校をやめざるを得なくなる方法を無意識のうちに選択する。執拗《しつよう》な親の手をほどき、自分の人生を歩み出すためにそこまでしなければならなかった子どもたちの話を幾度か聞いたことがある。

せっかく第一志望校に受かったとしても、遅れてやってくる中学受験の回り道だといえる。ありのままの子どもをそっと見守ってくれるひとが誰かしらいれば、子どもはいずれこの回り道すら肥やしにする力をもっているのだが。

迷ったら引き算

中学受験の親に対するアドバイスは巷にあふれている。ぜんぶ聞いていたらイソップ童話の『ロバ売りの親子』になってしまう。取捨選択の視点として私が伝えたいのはただ一つ。情報過多時代の子育ての大原則は、「迷ったら引き算」だ。

「やらないよりはやったほうがいいかも」を積み重ねていったらきりがない。一方、子どもの時間も体力も有限だ。負荷が多すぎて子どもが潰れてしまうよりは、多少余裕があるくらいのほうが子どもはいきいきする。

課題の量の話だけではない。個別指導塾にも通わせたほうがいいか、新しい問題集をやらせたほうがいいか、オプションの対策講座も受けたほうがいいか、受験雑誌に書かれていた漢字記憶法をやらせたほうがいいか……。迷うくらいなら、原則として「いらない」と判断すればいい。

子どもの心身に余裕があれば、親が「いらない」と判断したものに対して、「いや、それはやるよ」と自分から言い出すかもしれない。だとしたらそれは存分にやらせていい。自分で選んだものは子どもだって一生懸命やれるし、だからこそ成果も出やすい。それをひとは「やる気」と呼ぶ。

余裕がない状態にまで追い込んでいたら、やる気を出す暇もなくなる。

正解は子どもが知っている

中学受験に限ったことではない。巷には子育てに関する情報があふれている。〝ベスト〟を選ぼうと思うと、そのすべてを吟味《ぎんみ》しなければいけない。血眼《ちまなこ》になってネットを隈《くま》なく検索することになる。すると、目の前の子どもが見えなくなる。これが最悪だ。

子どもの可能性を探るために、あれこれ試してみることは悪いことではない。しかし必ず子どもを見てほしい。目が輝いているか、体が躍動しているか、心が安らいでいるか。第二章のコラムで述べた、学校を選ぶときのポイントと同じである。

世の中のセオリーとは違っていても、子どもの目が輝いているのなら、それはその子にとって正しい選択だ。いろんな育児書や受験テクニック本に書かれていることでも、それをやらせることで子どもの目が死んでしまうなら、すぐにやめたほうがいい。

正解がない時代の正解は、子どもの目を見て判断する。

勇気ある撤退を決断すべきとき

中学受験の日々のなかで、子どもの目が死んでいるようだったら要注意。どうしたら目に輝きが戻るのかを試行錯誤してみてほしい。ただしここでも、迷ったら引き算だ。

目に輝きが戻ったら、それを維持することを第一に考えてほしい。目が輝いているのに、欲張ってさらに新しい何かを試す必要はない。「うまくいっていなければ何かを変えろ。うまくいっているなら変えるな」の原則どおりである。

目が輝けばすぐに成績が上がるというわけではない。目は輝いたけれど成績は下がったということもあるかもしれない。それでも、長い目で見たら、目が輝くほうを選ぶべきだと私は思う。

無理矢理縛《しば》りつけてでも勉強させれば目先の偏差値は上げられるかもしれないが、そんなことはずっとは続けられない。でも子どもの目が輝く方向をいっしょになって指し示し、そちらへ進む子どもを応援し続けることならできる。

逆に、何をしても目が死んでいるなら、中学受験という選択がいまのその子には合っていない可能性が高い。それであれば勇気ある撤退も視野に含めるべきだ。

ただしその場合でも、「中学受験よりももっと大事なものが見つかったから」のように、撤退の判断を前向きに意味づけるのが親の責任だ。「あなたのやる気がないから」「あなたにはまだ早かった」などと、子どもの落ち度に結びつけては絶対にいけない。それは深く長く子どもを傷つけることになるから。

ご縁を待つのも親の役目

親が情報検索を怠《おこた》ったために何か大切な選択肢を見落としてしまったのではないかと心配する必要もない。

親が与えられなかった選択肢や教えられなかったことは、もしそれがその子にとって必要なことであれば、人生のどこかのタイミングで親以外の誰かが示してくれる。それがご縁だ。

子どものご縁を親がコントロールしようなどと考えることがおこがましい。そもそも子育てなんて、親だけでできるものではない。社会全体の関わりが必要だ。すべてを自分の責任だと思わなくていい。親が責任を抱え込みすぎると、子育てはいびつになる。ご縁を待つのも親の大切な役目である。

「待つ」とは「もう焦らない」と決めること

子育ての要諦は待つことだと聞いたことがあるひとも多いだろう。拙著『正解がない時代の親たちへ』でも、先生たちは口をそろえた。だからこれを疑う余地はないのだが、そう言うと必ず「いつまで待てばいいんですか!?」という非難にも似た質問が飛んでくる。

でも親のその心理状態は、子どもからしてみたら全然待ってくれていない。口で言っていないだけで、表情、態度、普段の会話の端々《はしばし》から、「いつになったら本気を出すの？」「早くやる気を出しなさい！」「時間がなくなっちゃうじゃない……」「早く、早く」という非言語的なメッセージが溢《あふ》れ出してしまっているのである。

子育てにおいて待つとは、「もう焦らない」と覚悟を決めることだ。たとえ待っている間に入試本番がやって来てしまっても、「それがこの子のスタイルなんだ」と腹をくくることだ。それがありのままを受け入れることでもある。

やる気を引き出すために待つのではない。ありのままを認めれば子どもが自らやり始めるということでもない。そこを理解していないと、待てば待つほど不安になり、いずれ限界点を超え、「いつまで待ってもやらないじゃない！」と大爆発を起こすことになる。そこまで待ったことすら水の泡となる。

偽りのやる気

隣の芝は青く見える。よそのうちの子どもを見て、「なぜあの子はあんなに自ら勉強するのだろう？」と羨《うらや》ましく思うことがあるかもしれない。でもそういう子が必ずしもやる気にあふれているとも限らない。

最低でも早慶以上の大学に入らないと生きていけないとか、いま勉強しておかないと大人になって惨《みじ》めな思いをするなどと、小さいうちから散々脅されていれば、子どもは自ら勉強するかもしれない。でもそれは内発的動機としての「やる気」とは違う。恐怖から逃れる手段として勉強しているにすぎない。

そのパターンがいちど身についてしまうと、恐怖が人生の動機になってしまう。いまの偏差値は高くても、将来的には負の遺産だ。

中学受験生の親にとって、待つことは、まるで荒行のようなもの。悟りの境地を目指すくらいの気持ちで取り組まないと難しい。でも子どもたちだって、日々自分と戦っているわけだから、親が先に音を上げるわけにはいかない。

親子の励ましに言葉はいらない

子どもが並々ならぬ努力を続けている。せめて頑張ったぶんだけの成果が出てほしいと望むのは当然だ。しかし中学受験では、みんながそれぞれに精一杯頑張っているので、自分だけ頭一つ抜けることも考えにくい。

血のにじむようなわが子の努力が報われない場面に出くわすことほど親としてつらいことはない。そういうときに、待てなくなる。が、「ただでさえ良い結果が出ずに子どもが落ち込んでいるときに、親が新しい問題集や受験テクニック本を買ってきたら要注意」とは、旧知のプロ家庭教師の弁。親が状況を変えようとして試みたことが子どもにとってはさらなる重荷になり、悪循環に陥ることがある。

模試の結果が振るわず落ち込んでいる子どもに親がすべきことは、子どもの代わりにままならない状況を改善してやることではなく、落ち込んでいる気持ちに寄り添うこと。それだけでいい。たとえば「ケーキ買ってきたからいっしょに食べよう」と言えばそれだけで、親の気持ちは子どもに伝わる。

その安心感の中でこそ、子どもの目の輝きは一段と強くなって復活する。

大冒険で親子が見つける宝とは？

約三年間の大冒険における数々の試練のなかで、通るべき回り道を踏みしめ、落とし穴から這《は》い上がり、その都度しっかりとわが子の横顔を見て、親も謙虚に学ぶことができると、最終的に、わが子の努力が報われてほしいと切実に願う一方で、ここまで頑張れたのなら結果なんてどうでもいいと思えてしまう、アンビバレントな感情を味わうことになる。

「不安は尽きないけれど、それでもこの子はきっと大丈夫」という確信がもてるようになるということだ。親からそう思ってもらえることが、子どもにとってどれだけ自信になることか。それができれば、その中学受験は親子にとって、大成功だ。結果の如何《いかん》にかかわらず、中学受験を笑顔で終えられたという親子には、この点が共通している。

「この子はきっと大丈夫」と思えるようになっているから、反抗期に多少悪態をつかれてもおおらかな気持ちで構えていられる。子どもだって、中学受験の日々を通して、自分に対する親の想いを痛いほどに感じているから、安心して悪態をつける。親子の絆が強ければこそ、豊かな思春期を満喫できるのだ。

幼児期の延長とは違う、新たな信頼関係が結び直されるといってもいい。これが、親子で中学受験に取り組むことの最大の効能だと私は考えている。

結局のところ、親は無力である

入試本番当日、憧れの志望校の門をくぐり、最後のアイコンタクトをして、一人で試験会場へと向かうわが子の後ろ姿を想像してみてほしい。初めて中学受験塾に通ったときと比べれば、その背中はずいぶんと大きく感じられるはずだ。

それまでいろいろと手を出し口を出しやってきた。でももうここから先は、親が手出しのできない領域だ。あの子が一人でやるしかない。それができるほどにあの子は成長した。

このとき親は痛感する。結局のところ、親は無力である、と。

もう親が近くにいなくても、この子は自分で自分の人生を切り拓いていける。そういう意味での、爽やかな無力感である。

子育てとはそもそも、子どもを、親の助けなく生きていけるようにする営みだ。親の役割は、子どもにとっての自分の存在価値を少しずつ減らしていくことだ。親が親として目指すべき究極の感情は、無力感なのである。

事後的に正解をつくり出す力

結果、第一志望校に合格できれば、努力が報われる大きな成功体験になる。それが今後の人生の励ましになる。

一方、第一志望校以外の学校に進むことになったとしても、その結果を堂々と受け入れ、そこでしか得られない学びの機会やひととの出会いを大切にして、そこでの六年間を存分に満喫すれば、結果的にその学校に行けたことが正解だったことになる。

自らの努力によって、事後的に正解をつくり出したともいえる。正解がない時代においてはこの力こそがものをいう。第一志望校以外に進むことになった子どもたちは、それを身につけるチャンスを得たことになる。

人生におけるいかなる決断だって同じだ。選択肢の中からどれかを選ぶ場合に、どんなに情報を集めて論理的に考えても、正解なんてわからない。

仮にいちばん良さそうな選択肢を選んだとしても、そのあとに努力が続けられなければ、その選択をしたことが間違いだったことになる。逆に、どんなに不利な選択肢を選ぶことになったとしても、その環境を最大限に生かす努力を続けられれば、それを選んだことが正解だったことになる。

つまり、人生の決断の良し悪しは、決断したあとに決まる。

そんなことも、中学受験という経験から得られる教訓の一つである。

ほろ苦さすら宝物

中学受験という壮大な冒険を終えたとき、「あぁ、あのときああしていれば……」と後悔することの一つや二つ、あるかもしれない。

では、ＳＦ映画のように過去に遡《さかのぼ》ってあのときをやり直せたら、完璧な中学受験になるのだろうか。

たぶん違う。おそらく別のところで別の悔いが生じるだけだ。つまり、やり直したいところがいっぱいある中学受験の経験の中にも実は、自分たちが気づかないうちにとてもうまく乗り越えていた落とし穴や回り道があったはずだということだ。客観的に見れば、案外いい中学受験だったのかもしれないと思ってほしい。

むしろ、後味にほろ苦さが残るくらいがちょうどいい。

極上の冒険物語を読み終えたときに残るほろ苦さが物語の余韻を増幅するように、中学受験の日々の最後に残ったほろ苦さも、家族にとっての宝物になる。壮大な冒険物語を共有した家族がそれぞれの立場で、今後の人生の味わいの一部として生かしていけばいい。

中学受験をしなかったら知ることができなかった世界を知り、会うことができなかったひとたちと会い、味わうことができなかった感慨を味わう。それらは必ずしも中学受験をしなければ得られない経験ではない。代わる機会があるのなら、その機会を生かせばいい。

しかしもし、二一世紀・日本のコンクリートジャングルで、子どもと本気の大冒険を経験したいと思うなら、中学受験という機会を利用してみるのも一案ではないだろうか。


【第四章のまとめ】

親子で未熟さをさらけ出し合い、正しさについて話し合い、新たな信頼関係を結び直すことで、それが親子双方の人生を支える。

Column④ 大嫌いな反復練習、どう克服させればよいでしょうか?

【Mさんの場合】

息子は、現在小五。小四の六月から少人数制の中学受験専門塾のジーニアスに通塾しています。幼少期から知的好奇心が高く、生き物、植物、元素、歴史など、自己流で探究的な学びをしてきました。興味が赴くままに知識を積み上げてきたため、大して勉強をしていないわりには模試の成績は四教科六〇前後。学ぶことは好きなので、塾には楽しく通っているのですが、楽しく取り組める範囲の勉強しかせず、苦手を徹底的に克服したり、反復練習をすることが大嫌いです。また、四教科の成績も凸凹です。自立的思考が強いので自由度の高い難関校を目指していますが、このままのらりくらりと取り組んでいても合格はしないだろうなと悲観しています。

M：実は不登校なんですよ。発達に凸凹がある子で、知的好奇心は高いんだけど社会性が乏しいから「授業がつまらない」と言ってしまったり、突飛な行動をしたり。学校の先生から「息子くんは、公立じゃないほうがいい」と言われていて。

おおた：へ～、先生がそんなことを言ってくれるんですね。

M：校長先生もいろいろと勉強している方で、「公立は可能性を狭めちゃうから、もし可能なら、お母さんがホームスクーリングをやったほうがいいかもしれないね」と言われました。だから、**積極的不登校児**みたいな感じで、元気に不登校児をやってます（笑）。悩みと言えば、勉強しないこと。自立心が強いので親の言うことをまったく聞かないですし、努力も嫌いです。いままで鉛筆すら持ったことがなかったので、本当に大変だったんですよ。ずっと寄り添って。家での勉強量としては、いまでも一日一時間くらいが限度ですね。それでも、最初の模試では偏差値三〇台だったのが、いまは偏差値六〇台にはなっています。もともと幼少期から知的欲求がすごく強い子で、図鑑を読んだり、小三で歴史はほとんど頭に入ってたし、小三くらいから元素にも興味をもちはじめて元素記号を覚えたり。科目横断的な学習をしてきた子なので、わりと勉強がすんなり入ってくるんでしょうね。

おおた：偏差値はどこの偏差値ですか？

M：小さい塾でやるテストの偏差値ですね。でも、四谷大塚とだいたいいっしょみたいです。こないだ塾の先生に「本人やる気ないんで、受験やめようと思います」って言ったら、「お母さんちょっと待って、結構いいところにいるから」って。ただ、バラバラです。偏差値六五の科目もあれば四〇台の科目もあって、国語は苦手です。文字もきれいに書けないですし、そこがあとひとこえっていうところなんですけど。

おおた：お母さんがそこをわかっているのはすばらしいし、ちゃんと見守って待ててるのもすばらしいし、よくやれましたね。

M：いや〜、本当に大変でした。小二のときは暴力も始まっちゃって、思春期が早く始まって。早熟なタイプ。

おおた：本当の意味での思春期はまた来るんだろうけど、感受性が高いから、自分のまわりに次々につくられる枠組みをはねのけたかったんでしょうね。でも、すごくエネルギーがある子だし、才能もあるし、アインシュタイン型ですよね。

M：すごく難しいことを考えちゃうんですよね。地球はもう終わるとか、俺は子孫繁栄はしたくないとか、陰《いん》のほうにいっちゃうのがちょっと心配ではあるんですけど。

息子の中学受験で夫が人生を考え直し始めてます

おおた：一つ聞いていいですか？ 学校には行ってなくて、塾には普通に通ってる？

M：はい、塾は大好きです。不登校向けの個別指導塾のキズキ共育塾に週一回、探究学舎という塾に月六回、あとは中学受験塾に週三回ですね。

おおた：なるほど。昼間はおうちで本を読んだり？

M：いや～、ほとんどＹｏｕＴｕｂｅですね。刀のつくり方とかを何時間も観てたりします。だから「刀、来たな～」って思ったら、刀の本をスッと出すみたいな。石に興味をもったら、「はい、元素」みたいな。面白いくらいに読んでくれます。すごく大変ですけどね、社会の軸には合わないし、かといって水を向けても飲まないし。ただ、世間と合わせる形にはしなきゃいけないので……。

おおた：そこをどうするかっていう問題はあるにしても、**息子さんのありのまま**を受け入れてらっしゃるから。

M：もう、受け入れざるを得ないですよ（笑）。

おおた：でも、そこがわからないひとも多いですからね。

M：苦しかったですね。だから、夫はまだ迷走中です。夫は息子とは反対に、努力でなんとかしてきたひとで（笑）。

おおた：あー、面白い。話を聞いていると、そういうお父さんだからそういう子が生まれてきてくれたんだろうなっていうか。

M：そうですね。夫もだいぶ自分の人生を考え始めていて、好きなことをやっていかなきゃいけないよねって。

おおた：**お父さん自身の人生観もひと皮剥《む》ける**でしょうね。

M：本当そうなんですよね。その通りです。私もそれを期待してます。

おおた：両方見て、お母さんは大変ですね。

M：いや、夫には結構厳しいですけど（笑）。「俺にも優しくして～」って言われます。

おおた：それを言えるなら大丈夫。お母さんの懐《ふところ》が深いんですね。

M：どうでしょうね～（笑）。

たぶんお母さん、答え知ってますよね？

おおた：勉強しないんですっていうのが表向きの悩みじゃないですか。そのバックグラウンドには凸凹があって、知的好奇心は高いけど努力ができないとか、反復練習が苦手とかっていうのがあるけど、たぶんお母さん、答え知ってますよね？

M：え？　答え？　でも、何もすることないですよね。自分が知れなかったことを知るとか、苦手なことに取り組むとか、彼にとっていま中学受験がとてもいいものになっているので、あと一歩、蓄えた知識をアウトプットできればいいのにとは思います。あと、もう一つの願いとしては、やっぱり……学校に行ってほしいんですよね。学校が楽しい場所って思ってもらいたい。

おおた：なるほど。話を聞いている限り、息子さんの場合、男子校のほうが向いてそうだなと感じますが、いまの成績のレベルの男子校に入れたら、通えるんじゃないかなって気がします。そういう学校には小学校が苦手だったという子どもも結構いますから。

M：小学校ってどうしても規範とか協調性が重視されますけど、彼はそれが意味ないと思っていて。

おおた：そういう子はたくさんいますよ。それでもおうちで一日一時間は机に向かって中学受験勉強しているわけですよね。

M：自分でやる気にならないと絶対やらない子なので、一回パニックになって逃げたりするんですけど、中学には行きたいし、このままじゃだめだってわかってるんで、一時間くらい経って「そろそろ戻れる?」って聞くと、「わかった、やる」って。

おおた：目標をもったことによって、彼も何かを乗り越えようとしているんですね。立派です。いまは五年生で、算数の難易度も上がってくるじゃないですか。そしたら偏差値も伸びてくると思いますよ。いままでは単に反復練習が上手な子が上位にいるけど、思考力が必要になってくるから、逆転しますよ。あとは、もうちょっと勉強時間を延ばしたいっていうのも、たぶんこれは永遠にきりがないことで、**お母さんも実は求めてない**というか、どうにかしてやろうとは思ってないと思うので、そのスタンスでいいと思います。苦手科目もあると思うんですけど、そこを克服していこうと思うとすべてが崩れていくと思う。そういうタイプの子って得意なことを伸ばしていくなかで、ついでだからこれもやるしかないなってやっていくほうが、トータルで見たらいいんじゃないかなって気がします。本人がやる気になっていないところに「こっちもやりなさい」ってやらせることにエネルギーをかけても、おそらく無駄になる。でもそのエネルギーを得意なところに向けたら、一般的な子どもの何倍ものスピードで伸びていくはず。そういうアプローチのほうが息子さんには向いていると思います。

M：字が汚いとか、反復練習が嫌いっていうのもきっとこのままいくんですよね？

おおた：いくと思う。

M：あ〜、今日は夫が来るべきでしたね（笑）。彼は自分を痛めつけるのが大好きなタイプなので、息子のスタイルを受け入れるのに結構葛藤しています。

おおた：お母さんも最初からこんなに理解があったわけではないでしょう？　お母さん自身が変わったのはどういうきっかけだったのですか？

M：「あれ？」って思い始めたのは小二のころ。先生のところに行って「授業がつまんないんですけど、どうしたらいいですか？」って。そこで、先生が「あらあら、これは大変だわ！」ってなって。習い事もいっさい行かないとか、洋服も同じのしか着ないとか、そういうのが出始めて。最初はケツバットしたんですよ、私。新聞紙を丸めたもので叩いて。**そのうちに壊れていっちゃった**んです。震えるとかずっとにらむとか、暴力もあったし。これはまずいと思って病院に連れて行ったら、「明らかに発達障害ですし、お母さん、育て方を変えないと」って。そこから猛勉強しました。彼の脳の中で何が起きてるんだろうって。本当に一八〇度変わりましたね。間違えちゃうと、最悪自死とかもあるので、そこだけは避けたいなって。私は息子がきっかけで仕事も変えました。いまは不登校の子を支援する会社に勤めています。

おおた：息子さんは、いろんなメッセージをもってお二人のところに生まれてきてくれたんですね。お母さん、本当に優しい目をしてらっしゃる。

M：家では鬼ババですよ！

おおた：いやいや、すごくしっかりとお子さんを見ていらっしゃる。

M：本人なりに頑張っているのはわかるんですけどね。「漢字やらなきゃな～、でも満点はとれないよね～、まぁいいか～」みたいな。でも、学ぶことは本当に大好きなので。それで入試で評価されなくても、**自分の能力を真っ当な方向に向けられたらいい**のかなって思います。だから、彼もそういうのを助ける仕事に就くんじゃないかって予感がしています。もちろん学校には行ってほしいですけどね。

おおた：いいお話を聞かせていただきました。

おわりに

くり返すが、本書の内容はあくまでも私の中学受験観である。まわりくどい表現を避けるために「これまでの取材経験を踏まえて私に言わせてもらえば」というフレーズをところどころで省略させてもらったことは、本書が学術書ではないとして、免じていただきたい。また、一部に見られる中学受験の過熱状態を鎮めるためとはいえ、特に後半、わが子を思うがゆえの熱心さに冷や水を浴びせるような表現が多かったこともお詫びする。

あらためて各章の結論を並べれば、中学受験で得られるものは、以下の通り。

(一) 中高一貫校では、大学受験対策よりも、豊かな思春期を得られる意味が大きい。

(二) 私学では、そこでしか得られない生きる指針が得られ、卒業後も教育力が持続する。

(三) 中学受験の日々は、数々の試練を経験し乗り越え、ひととして成長するための大冒険。

(四) 親子で正しさを話し合い、新たな信頼関係が結ばれ、それが親子双方の人生を支える。

「これだけ?」と物足りなく感じるひともいるだろう。そう、これだけなのだ。しかも、これらを中学受験するメリットととらえるか否かはそのひと次第だ。

たとえば、反抗期に受験勉強もしなければならない負荷の中でこそ精神的に成長できると考えるのなら、むしろ中高一貫校に行くべきではない。私学の斜に構えたハビトゥスより、地域の誇りを背負ったハビトゥスのほうが魅力的だと思うなら、高校から公立名門校に行けばいい。小学生のうちに鍛えるべき非認知能力は習い事を通して鍛えるというのなら、塾に通って中学受験勉強をする必要性も少ない。親自身が人生をかけた挑戦をしていて、その背中を見て子どもも育っているというのなら、わざわざ親子の冒険を始めなくてもいい。

要するに、たかが中学受験で人生が決まるわけがない。むしろ「なぜ中学受験するのか？」という問いに真剣に向き合うことこそ中学受験する意味なのだ。

中学受験だけではない。子育てや教育におけるすべての選択は、正解を求めるためにあるのではなく、自分自身の価値観に気づくためにあるのだと私は思う。

二〇二一年一〇月　おおたとしまさ

おおたとしまさ
1973年10月14日、東京都出身。教育ジャーナリスト。麻布中学・高校卒業。東京外国語大学英米語学科中退。上智大学英語学科卒業。'97年、リクルート入社。雑誌編集に携わり2005年に独立後、いい学校とは何か、いい教育とは何かをテーマに教育現場のリアルを描き続けている。新聞・雑誌・Webへのコメント掲載、メディア出演、講演多数。中高の教員免許、小学校での教員経験、心理カウンセラーとしての活動経験もある。著書は『名門校とは何か?』、『ルポ塾歴社会』、『ルポ教育虐待』、『中学受験「必笑法」』など70冊以上。

なぜ中学受験《ちゅうがくじゅけん》するのか?

2021年11月30日初版1刷発行
2021年12月20日　2刷発行

著　者 —— おおたとしまさ
発行者 —— 田邉浩司
装　幀 —— アラン・チャン
印刷所 —— 近代美術
製本所 —— ナショナル製本
発行所 —— 株式会社光文社
東京都文京区音羽1-16-6(〒112-8011)
https://www.kobunsha.com/
電　話 —— 編集部03(5395)8289　書籍販売部03(5395)8116
業務部03(5395)8125
メール —— sinsyo@kobunsha.com

 ISBN 978-4-334-04573-9

1146

教養としてのロック名曲ベスト100

川﨑大助

現代人の基礎教養、ロック名曲100を、これまでにない切り口で紹介・解説。著者の主観・忖度抜き、科学的な手法で得られた驚愕のランキングの1位は？　サブスク時代に最適のガイド。

978-4-334-04554-8

1147

日本のバドミントンはなぜ強くなったのか？

藤井瑞希

近年、なぜ日本のバドミントンは国際大会で目覚ましい結果を残しているのか。ロンドン五輪女子ダブルス銀メダリストの著者が自身の軌跡を振り返りながらその強さの秘密を語る。

978-4-334-04555-5

1148

腸と森の「土」を育てる

微生物が健康にする人と環境

桐村里紗

人の不調と、環境の不調は「土」でつながっている——最も身近な自然環境＝「腸内環境」と心身の関係、日々の食事の選択の重要性と方法を「プラネタリーヘルス」の観点から説く。

978-4-334-04556-2

1149

世間体国家・日本

その構造と呪縛

犬飼裕一

この国を支配する「空気の構造」とは？　そして、他人の目が気になるのはなぜ？　家庭で、学校で、社会で、人の心の中で、世間体はどう作用しているのか。歴史社会学者が多角的に考察。

978-4-334-04557-9

1150

「孤独」という生き方

「ありのままの自分」でいることのできる、自分だけの居場所を求めて

織田淳太郎

自らの体験に加え、孤独な生き方を実践する人たちへの豊富な取材を基に、人間の根源的な欲求を突き詰め、真に「生きる」とはどういうことかを考察する実用的ノンフィクション。

978-4-334-04558-6

光文社新書

1151

ニュースの未来

石戸諭

テレビ、新聞、出版…ニュースを巡る環境が悪化するなか、本当にこれらのメディアに未来はないのか。気鋭のノンフィクションライターが、ニュースの本質とその未来に迫る。

978-4-334-04559-3

1152

「ボヘミアン・ラプソディ」の謎を解く

〝カミングアウト・ソング〟説の真相

菅原裕子

同名映画も大ヒットした「過去１０００年で最も重要な曲」にフレディ・マーキュリーが込めたメッセージとは。膨大な資料をもとに、近年ささやかれている、ある「仮説」を検証。

978-4-334-04537-1

1153

日本の食と農の未来

「持続可能な食卓」を考える

小口広太

食の大部分を海外に依存している日本。国内の農業は高齢化や後継者不足が進み、待ったなしの状況にある。今、私たちは何を考え、行動すべきなのか。「等身大の自給」について考える一冊。

978-4-334-04560-9

1154

新聞記者、本屋になる

落合博

新聞記者であった著者はいかにしてひとり本屋を始めることができたのか。定年目前の58歳、子どもは3歳、書店員経験は0。第二の人生、妻の反対を押し切っての本屋開業記！

978-4-334-04561-6

1155

ルポ コロナ禍で追いつめられる女性たち

深まる孤立と貧困

飯島裕子

臨時休校、おうち時間、休業補償、テレワーク……。コロナ禍で生じた出来事の多くでより深刻な状況に陥ったのは女性だった。その背景にあるものを、当事者への取材から探る。

978-4-334-04562-3

光文社新書

1156
日本のジーパン
林芳亭

米国で生まれたジーンズがいかに日本で独自の発展を遂げたのか？　ジーンズ界の重鎮である著者がジーンズの歴史や、日本における受容のプロセス等「ジーパン愛」を語り尽くす。

978-4-334-04563-0

1157
脳の寿命を延ばす「脳エネルギー」革命
ブドウ糖神話の崩壊とケトン体の奇跡
佐藤拓己

巨大で大食漢な働き者「脳細胞」を長持ちさせる助っ人とは⁉ ヒトの脳の発達を可能にしたエネルギーとしてケトン体に注目。認知症・うつを防ぎ健康にも役立つ栄養摂取法を考察する。

978-4-334-04564-7

1158
田舎暮らし~~読~~毒本
樋口明雄

田舎暮らしにスローライフは存在しない！　東京から自然豊かな地方に移住して20年の小説家が満を持して贈る、田舎暮らしのノウハウと闇。本書を読まずして移住するべからず！

978-4-334-04565-4

1159
知ってるつもり
「問題発見力」を高める「知識システム」の作り方
西林克彦

「わからない」を見つけるために「きっちりわからなくなる」には？　ロングセラー『わかったつもり』刊行から16年。今最も求められる「問題発見力」を身につける方法を解説。

978-4-334-04566-1

1160
大下流国家
「オワコン日本」の現在地
三浦展

経済力の低下、人口縮小、ジェンダー格差、メディアの怠慢……この国はどこまで堕ちてゆくのか？　80万部超のヒット作『下流社会』から16年、最新データを基に再び日本を斬る。

978-4-334-04567-8

1161

名画の生まれるとき

美術の力II

宮下規久朗

人間にとって必要不可欠な「美術の力」とは？　「名画の中の名画」から「美術鑑賞と美術館」「描かれたモチーフ」「信仰と政治」「死と鎮魂」まで。美術史家と読む、美術の本質に迫る55話。

978-4-334-04568-5

1162

野蛮な大学論

酒井敏

大学人よ、学問の本道に戻って野蛮さを取り戻せ！　「京大変人講座」主宰の京大名物教授が、大学、アカデミズム、教養の本質をズバリ指摘する。豊かな社会のための大学改革論。

978-4-334-04569-2

1163

「問い」から始まる哲学入門

景山洋平

2600年にわたる哲学者の語りあい。そこでは何が問われたのか。なぜ「問い」続けてきたのか——。「問い」の歴史とその意味を知る、不確かな世界を生き抜くための哲学入門。

978-4-334-04570-8

1164

物理学者、SF映画にハマる

「時間」と「宇宙」を巡る考察

高水裕一

フィクションが未来の科学を導く!?　タイムトラベルから星間飛行まで、物理学者とともに探る一度は夢見たSF世界の可能性。科学の目で見直せば、SF映画はもっと楽しくなる！

978-4-334-04571-5

1165

くじ引き民主主義

政治にイノヴェーションを起こす

吉田徹

民主主義＝選挙ではない。選挙によらない民主主義の形態を歴史的に振り返りつつ、政治参加のための「くじ引き」の可能性を示す。傷ついた民主主義をアップデートする希望の書。

978-4-334-04572-2

光文社新書

1166
なぜ中学受験するのか？
おおたとしまさ

やり方次第で「良薬」にも「毒」にもなるのが中学受験。気鋭の教育ジャーナリストが膨大な取材経験と古今東西の文献から導き出した、中学受験の是非論へのファイナルアンサー。

978-4-334-04573-9

1167
毛
生命と進化の立役者
稲葉一男

えっ!? 脳の中の毛？ ウイルスから守る毛？ CO_2で止まる毛？「細胞の毛」研究三〇年のスペシャリストが、生き物や自然、そして私たちの命を支える驚くべきミクロの世界を綴る。

978-4-334-04574-6

1168
肥満・糖尿病の人はなぜ新型コロナに弱いのか
「糖質過剰」症候群Ⅱ
清水泰行

新型コロナのパンデミックや病状悪化の要因となると考えられる糖質の過剰摂取。本書では糖質過剰が新型コロナだけでなく数多《あまた》の疾患の原因となる理由を、最新研究を交え伝える。

978-4-334-04575-3

1169
人生を変えた韓国ドラマ 2016～2021
藤脇邦夫

「愛の不時着」「梨泰院《イテウォン》クラス」「賢い医師生活」「イカゲーム」など世界を席巻するKコンテンツの一つとなった韓国ドラマ。その深い魅力を傑作80選とともに徹底解説！

978-4-334-04576-0

1170
不登校・ひきこもり急増
コロナショックの支援の現場から
杉浦孝宣＋ＮＰＯ法人高卒支援会

コロナ禍で不登校・ひきこもりの子どもたちは増えただけでなく、可視化されづらくなった。リアルとオンラインを駆使することで前よりもパワーアップした支援現場の知見を学ぶ。

978-4-334-04577-7